"十三五"应用型本科院校系列教材/经济管理类

Foreign Exchange Transactions Practical Training Course

外汇交易实训教程

主 编 郭 强
副主编 王晓佳 孙艳萍

哈尔滨工业大学出版社
HARBIN INSTITUTE OF TECHNOLOGY PRESS

内 容 简 介

本教程通过七个实训项目全面,系统地阐述了外汇交易的基础知识和操作流程,包括外汇、外汇汇率、外汇实盘交易、保证金交易、外汇交易分析等部分,每个实训项目包括知识准备、实训内容、实训任务、实训报告等内容。通过本书的学习,能够让学生了解外汇交易的国际惯例,掌握外汇操作的方法和技巧,提高学生的动手能力和职业素养。

本书适用于应用型本科院校金融学、管理学、国际经济与贸易等经济管理类专业学生以及在职培训的金融从业人员和广大金融爱好者。

图书在版编目(CIP)数据

外汇交易实训教程/郭强主编. —哈尔滨:哈尔滨工业大学出版社,2014.7(2022.1 重印)
ISBN 978-7-5603-4792-9

Ⅰ.①外… Ⅱ.①郭… Ⅲ.①外汇交易-高等学校-教材 Ⅳ.①F830.92

中国版本图书馆 CIP 数据核字(2014)第 131253 号

策划编辑	杜 燕
责任编辑	范业婷 高婉秋
出版发行	哈尔滨工业大学出版社
社 址	哈尔滨市南岗区复华四道街10号 邮编150006
传 真	0451-86414749
网 址	http://hitpress.hit.edu.cn
印 刷	哈尔滨市工大节能印刷厂
开 本	787mm×960mm 1/16 印张9.25 字数175千字
版 次	2014年8月第1版 2022年1月第4次印刷
书 号	IISBN 978-7-5603-4792-9
定 价	20.00元

(如因印装质量问题影响阅读,我社负责调换)

《"十三五"应用型本科院校系列教材》编委会

主　任　修朋月　　竺培国

副主任　王玉文　吕其诚　线恒录　李敬来

委　员　（按姓氏笔画排序）

丁福庆　于长福　马志民　王庄严　王建华
王德章　刘金祺　刘宝华　刘通学　刘福荣
关晓冬　李云波　杨玉顺　吴知丰　张幸刚
陈江波　林　艳　林文华　周方圆　姜思政
庹　莉　韩毓洁　蔡柏岩　臧玉英　霍　琳
杜　燕

序

哈尔滨工业大学出版社策划的《"十三五"应用型本科院校系列教材》即将付梓，诚可贺也。

该系列教材卷帙浩繁，凡百余种，涉及众多学科门类，定位准确，内容新颖，体系完整，实用性强，突出实践能力培养。不仅便于教师教学和学生学习，而且满足就业市场对应用型人才的迫切需求。

应用型本科院校的人才培养目标是面对现代社会生产、建设、管理、服务等一线岗位，培养能直接从事实际工作、解决具体问题、维持工作有效运行的高等应用型人才。应用型本科与研究型本科和高职高专院校在人才培养上有着明显的区别，其培养的人才特征是：①就业导向与社会需求高度吻合；②扎实的理论基础和过硬的实践能力紧密结合；③具备良好的人文素质和科学技术素质；④富于面对职业应用的创新精神。因此，应用型本科院校只有着力培养"进入角色快、业务水平高、动手能力强、综合素质好"的人才，才能在激烈的就业市场竞争中站稳脚跟。

目前国内应用型本科院校所采用的教材往往只是对理论性较强的本科院校教材的简单删减，针对性、应用性不够突出，因材施教的目的难以达到。因此亟须既有一定的理论深度又注重实践能力培养的系列教材，以满足应用型本科院校教学目标、培养方向和办学特色的需要。

哈尔滨工业大学出版社出版的《"十三五"应用型本科院校系列教材》，在选题设计思路上认真贯彻教育部关于培养适应地方、区域经济和社会发展需要的"本科应用型高级专门人才"精神，根据黑龙江省委书记吉炳轩同志提出的关于加强应用型本科院校建设的意见，在应用型本科试点院校成功经验总结的基础上，特邀请黑龙江省9所知名的应用型本科院校的专家、学者联合编写。

本系列教材突出与办学定位、教学目标的一致性和适应性，既严格遵照学科体系的知识构成和教材编写的一般规律,又针对应用型本科人才培养目标及与之相适应的教学特点,精心设计写作体例,科学安排知识内容,围绕应用讲授理论,做到"基础知识够用、实践技能实用、专业理论管用"。同时注意适当融入新理论、新技术、新工艺、新成果,并且制作了与本书配套的 PPT 多媒体教学课件,形成立体化教材,供教师参考使用。

《"十三五"应用型本科院校系列教材》的编辑出版,是适应"科教兴国"战略对复合型、应用型人才的需求,是推动相对滞后的应用型本科院校教材建设的一种有益尝试,在应用型创新人才培养方面是一件具有开创意义的工作,为应用型人才的培养提供了及时、可靠、坚实的保证。

希望本系列教材在使用过程中,通过编者、作者和读者的共同努力,厚积薄发、推陈出新、细上加细、精益求精,不断丰富、不断完善、不断创新,力争成为同类教材中的精品。

前　言

外汇市场作为一个国际性的交易市场,其出现的时间要比股票、黄金、期货市场晚得多,但它却凭借全天候、T+0、双向交易等优势迅速发展起来了。根据国际清算银行统计,2013年4月全球外汇交易市场日均交易额达到5.3万亿美元,其规模已远远超过股票、期货等其他金融商品市场,并已成为当今全球最大的单一金融市场和投机市场。与此同时,随着离岸人民币交易的增加,2010~2013年,3年时间人民币日均交易额增长两倍多,目前已占全球外汇交易额的2.2%。在全球外汇货币排名中,人民币超过瑞典克朗、新西兰元和港币等,由2010年的第17位跃升至2013年的第9位。

自1993年中国银行率先推出个人外汇买卖实盘交易以来,到目前为止,除个别银行外,全国各大商业银行均开通了此项业务。国内外汇实盘买卖逐渐成为一种新兴的投资方式,并进入了快速发展的阶段。目前,个人外汇买卖业务迅速发展,已成为我国除股票以外最大的投资市场。而目前国内关于外汇交易的教材还不多,出版的教材也多数集中在外汇交易理论、外汇交易实务、银行外汇业务等方面,真正以实践操作作为出发点,适合学生,尤其是应用型本科院校学生的实训类教材少之又少。有鉴于此,我们联合黑龙江省内几所应用型本科院校有丰富教学经验的教师一起将长期积累的实践教学资料进行梳理、归档,结合教学实践,编写了这本实训教材,和其他同类教材相比本书具有如下特色。

1. 可操作性。本书是以实训项目为节点进行编写的,每个实训项目开篇是该部分内容的知识准备,即理论部分,然后大量的篇幅放在第二部分"实训项目内容"。第二部分实训内容非常注重可操作性,保证了教师按照教材的指引就可以顺利地开展实训课程。每篇的最后部分是实训项目报告,学生可以把本次课的学习内容和实验过程直接写在教材上,教师也可以根据实训项目报告,了解学生的学习状况。

2. 前沿性。现在外汇交易在我国发展非常迅速,新政策、新变化层出不穷。本教程除了阐述我国银行现有交易制度以外,也对未来可能大规模放开的交易方式,如外汇保证金交易做了详细介绍。

3.综合性。本教程虽然是实训教材,但是也融合了国际金融的理论知识,实现了理论和实践的统一。

本书可作为应用型本科院校金融学、管理学、国际经济与贸易等经济管理类专业学生的教材,也可作为金融从业人员在职培训用书,还可供广大金融爱好者阅读。

本书由郭强主编,负责撰写实训项目四和实训项目五,以及对全书进行了总纂和定稿;王晓佳担任副主编,负责编写实训项目三和实训项目六;孙艳萍担任副主编,负责编写实训项目一、实训项目二和实训项目七。

在编写过程中,我们参考并引用了大量文献资料,在此向这些文献资料的作者深表谢意。我们还要特别感谢交通银行亿通支行会计师齐金凯同志对书稿内容的指导。

限于编写人员的水平,书中难免有不足和疏漏之处,恳请各位专家和读者批评指正,以便我们做进一步的修改和完善。

编 者
2014 年 5 月

目 录

实训项目一　外汇基础知识 ·· 1
　　实训目标与要求 ·· 1
　　实训项目知识准备 ·· 1
　　实训项目内容 ·· 3
　　实训项目小结 ·· 17
　　实训项目任务 ·· 17
　　实训项目报告 ·· 18

实训项目二　外汇汇率 ·· 19
　　实训目标与要求 ·· 19
　　实训项目知识准备 ·· 19
　　实训项目内容 ·· 24
　　实训项目小结 ·· 27
　　实训项目任务 ·· 27
　　实训项目报告 ·· 29

实训项目三　外汇交易基础知识 ·· 30
　　实训目标与要求 ·· 30
　　实训项目知识准备 ·· 30
　　实训项目内容 ·· 41
　　实训项目小结 ·· 48
　　实训项目任务 ·· 48
　　实训项目报告 ·· 49

实训项目四　外汇实盘交易 ·· 50
　　实训目标与要求 ·· 50
　　实训项目知识准备 ·· 50
　　实训项目内容 ·· 51
　　实训项目小结 ·· 65
　　实训项目任务 ·· 65
　　实训项目报告 ·· 66

实训项目五　外汇保证金交易 ·· 67
　　实训目标与要求 ·· 67

实训项目知识准备 ·· 67
　　实训项目内容 ·· 68
　　实训项目小结 ·· 75
　　实训项目任务 ·· 75
　　实训项目报告 ·· 76

实训项目六　外汇交易基本因素分析 ·· 77
　　实训目标与要求 ·· 77
　　实训项目知识准备 ·· 77
　　实训项目内容 ·· 91
　　实训项目小结 ··· 109
　　实训项目任务 ··· 109
　　实训项目报告 ··· 110

实训项目七　外汇交易技术因素分析 ··· 111
　　实训目标与要求 ··· 111
　　实训项目知识准备 ··· 111
　　实训项目内容 ··· 121
　　实训项目小结 ··· 133
　　实训项目任务 ··· 133
　　实训项目报告 ··· 134

参考文献 ··· 135

实训项目一

Chapter 1

外汇基础知识

【实训目标与要求】

通过本实训项目,使学生了解外汇的定义,掌握外汇交易类型及外汇交易中的商品,了解世界主要国家的货币特征及图形符号,掌握全球外汇交易中的主要货币名称与代码缩写。要求学生了解外汇交易实训的要领,增加学生对外汇投资的感性认识。同时了解外汇投资的主要货币的种类,能够看懂基本的外汇报价,初步熟悉外汇投资的分析软件。

【实训项目知识准备】

一、外汇定义

外汇是指用外国货币或外国货币表示的,能用于国际债权债务结算的支付手段和资产。作为一种对外支付手段,外汇是为适应国际商品流通和劳务交换的需要而发展起来的。

(一)动态外汇

国际经济交易和国际支付必然会产生国际债权债务关系,由于各国货币制度的不同,所以国际债权债务的清偿需要用本国货币与外国货币兑换来完成。这种兑换由银行来办理,往往不必用现金支付,由银行之间通过不同国家货币的买卖来结算,银行的这种国际清偿业务就称国际汇兑。很明显,这是一个动态概念,是指一种汇兑行为,就是把一个国家的货币兑换成另一个国家的货币,然后以汇款或托收方式,借助于各种信用流通工具对国际债权债务关系进行非现金结算的专门性经营活动。比如我国某进出口公司从美国进口一批机器设备,双方约定用美元支付,而我方公司只有人民币存款,为了解决支付问题,该公司用人民币向中国银行购买相应金额的美元汇票,寄给美国出口商,美国出口商收到汇票后,即可向当地银行兑取美元。

这个过程就是国际汇兑,也就是外汇最原始的概念。

(二)静态外汇

随着世界经济的发展,国际经济活动日益活跃,国际汇兑业务的应用也越来越广泛,慢慢地"国际汇兑"由一个动态过程的概念演变为国际汇兑过程中国际支付手段这样一个静态概念,从而形成了目前外汇的一般静态定义:即以外币或以外币表示的用于国际结算的支付手段。

我国1996年颁布的《外汇管理条例》第三条规定,外汇是指:

①外国货币。包括纸币、铸币。

②外币支付凭证。包括票据、银行的付款凭证、邮政储蓄凭证等。

③外币有价证券。包括政府债券、公司债券、股票等。

④特别提款权和欧洲货币单位。

⑤其他外币计值的资产。

二、外汇交易

(一)外汇交易的定义

外汇交易是世界上交易量最大、交易往来最频繁的资金流动形式。外汇交易就是一国货币与另外一国货币进行兑换的过程,即买入一种货币并且同时卖出另一种货币的交易,体现在具体操作上就是个人与银行、银行与银行、个人与交易经纪商、银行与经纪商以及经纪商之间进行的各国货币兑换的规范或半规范交易过程。

(二)外汇交易中的外汇

外汇市场是全世界最大的金融市场,每天成交额约逾3万亿美元。外汇交易主要为货币对的买卖,例如欧元/美元和美元/日元。大多数货币交易均涉及"主要货币"(包括美元、欧元、日元、英镑、瑞士法郎、加元和澳元)。不同于其他金融市场,外汇市场没有中央交易所,借助于银行、公司和个人交易者的电子网络,外汇市场每天24小时运行。每天外汇交易从悉尼开始,然后依次移到东京、伦敦和纽约,主要券商包括商业银行、投资银行、外汇期货交易者及注册外汇券商(例如FX Solutions)。

(三)外汇交易的种类

外汇交易的种类主要包括:现钞交易、现汇外汇交易(实盘交易)、合约现货外汇交易(保证金交易)、期货交易、期权交易和远期外汇交易。本教材将在后续章节中主要详细介绍现汇外汇交易(实盘交易)和合约现货外汇交易(保证金交易)。在外汇投资过程中,若预测某两种外汇的汇率将上升,说明预测前一种外汇升值,则可以买入前一种外汇,卖出后一种外汇;若预测汇率将下跌,说明预测前一种外汇将贬值,此时可以买入后一种外汇,卖出前一种外汇。以欧元兑美元(EUR/USD)为例,如果认为美国经济将继续疲软,应该买入 EUR/USD,即买入EUR,卖出 USD;如果认为美国经济将走强,则应卖出 EUR/USD,即卖出 EUR,买入 USD。以英镑兑美元(GBP/USD)来说,当 GBP 相对 USD 有升值的趋势时,买入 GBP,抛出 USD;当 GBP/USD 的汇率上涨可获利时,再将 GBP 抛出,重新持有 USD。

三、全球主要外汇及代码

按国际惯例,通常用三个英文字母表示货币的名称,与中文名称对应的货币的英文代码见表 1.1。例如,美元:USD,人民币:CNY,英镑:GBP,日元:JPY。各国的外汇种类繁多,外汇投资主要涉及波动比较频繁的几种外汇。

补充阅读资料:

表 1.1 世界主要货币代码

国家(地区)	货币	英文缩写	国家(地区)	货币	英文缩写
美国	美元	USD	新西兰	新西兰元	NZD
欧元区	欧元	EUR	中国	人民币	CNY
日本	日元	JPY(YEN)	俄罗斯	俄罗斯卢布	SUR
英国	英镑	GBP	韩国	韩国元	KRW
瑞士	瑞士法郎	CHF(SFR)	泰国	泰国铢	THB
中国香港	港元	HKD	印尼	印尼盾	IDR
新加坡	新加坡元	SGD	菲律宾	菲律宾比索	PHP
澳大利亚	澳大利亚元	AUD	马来西亚	马来西亚林吉特	MYR
加拿大	加拿大元	CAD			

【实训项目内容】

一、主要货币的属性

(一)美元

美元(图 1.1)是一种古老的货币。所谓"古老"是指在全球所有国家外汇储备中美元占很大比率。超级大国决定美元老大的地位,美元受石油价格影响很大,目前是全球各国央行的主要储备货币。美国政府对货币干预能力强,常操纵美元汇率为自身利益服务。美元在一定时间段内呈现下降趋势,炒作各国减少美元储备是美元大跌的根源之一。由于美国的债券和股票等资本市场仍然是全球最有效率的市场,而且,美元在全球贸易往来结算中所占的份额仍然高达70%,因此各国央行不可能大幅度地减少美元储备。现在美元的市场份额可能呈现不断减少的趋势,近几年美元的确是逐步下跌的,各国央行现在也都在减少美元的储备,在当前可能是形势所需,但这样未必就是最佳选择,因为美元的对手货币或流动性太差,或波动率过大,或收益率太低,能够取代美元而成为世界储备的货币现在还没有出现,而且美元毕竟还是全球发生重大风险事件时的最优的避险货币。比如全球出现金融危机时,美元必然大涨。

图 1.1 美元样例

(二) 欧元

欧元(图1.2)是新兴的货币,它在市场的份额是缓慢增长的,并且走势稳定,非常具有规律,较符合技术分析,技术可操作性很强;交易量大,不易被操纵;占美元指数比重大,欧元占美元权重的57.6%,跟美元刚好是负相关,美元每走一个点欧元则反向走出2.5个点,这是美元强弱的风向标,同时常充当非美元货币的领军人物。欧元区国家众多,利益分歧大,经济不平衡,欧共体一体化进程曲折等不安因素较多。行情一般在下午14:00开始启动。

图1.2 欧元样例

(三)英镑

英镑(图1.3)是炒作型货币,也是目前最值钱的货币,汇价波动幅度大,操作难度较高,对交易员的技术要求比较高。英国经济体系相对比较小,因此市场上的波动率往往最大,它的盘经常出现一天内波动200点的情况,占美元权重的10%左右。同为欧系货币,其走势受欧元影响。行情一般在下午15:00左右启动。

图1.3 英镑样例

(四)日元

日元(图1.4)是低息货币,因此不适合在长期盘整的时期长期持有,其往往成为投资者做套利交易的货币,即通过利差和涨跌趋势的不同获得双重利益。日元经常受央行干预,官员言论对其走势影响较大。每年3月31日是日本会计年度结算日,9月30日是半年会计年度结算日,日本公司大量投资海外,每年这个时候都需要将资金从海外汇回国内进行账户处理,进而粉饰公司的财务状况,因此每年这两个月日元的购买需求量大,需要留意日元的升值。在政治上,日本追随美国,汇率政策受美国影响,占美元指数权重的10%左右。

图1.4 日元样例

(五)澳元

澳元(图1.5)属于典型的商品货币,国际商品价格尤其是黄金价格对其影响较大。澳元是高息货币,美元利率政策对其影响较大。澳大利亚是出口资源大国,澳大利亚有70%~80%的资源出口到中国,对中国经济数据敏感,人民币升值,澳元也升值。中国经济波动时,澳元的波动率也会加大,经常走单边市,要求基本面分析占比多。

图1.5 澳元样例

(六)加元

加元(图1.6)是商品货币,经济上与美国关系密切,相对于其他非美元货币,美元对该币种影响较小。加拿大为石油输出国,石油上涨对其有利。

图1.6 加元样例

（七）瑞士法郎

瑞士是中立国家，瑞士法郎（图1.7）是最典型的"避险货币"，走势比较稳健。跟欧元走势相似，与欧元有兄弟货币之称。政治动荡对其有利，当国际社会出现政治危机或严重的自然灾害时，大量资金会流向瑞士，使瑞士法郎升值。

图1.7　瑞士法郎样例

二、主要货币发行国经济状况

（一）美国

20世纪70年代布雷顿森林体系解体后，在美国经济、军事和政治实力基础上，美元成为国际货币，同时美国的经济发展取得了霸权地位。凭借着美元的霸权地位，美国通过大量发行美元，攫取全球其他国家的劳务商品。美元在全球外汇储备、外汇交易及贸易结算中所占的比重超过60％，在这种国际货币体系下，美国与美元需求国密切联系，其相互联系的对外经济状况决定了国际经济格局的基本框架。美国利用对外大量信贷和投资来对其他国家的经济发展造成影响，同时也利用美元作为武器来打击竞争对手，巩固霸权地位。美国实际扮演的是全球货币供应者的角色，通过发行国际货币美元，成为全球资金分配中心，支配着世界的经济资源。作为国际储备货币，美元资产以天文数字剧增，极大地拓展了美国资本市场的规模、广度和深度，发展出全球规模最大、流动性最好、监管最严密、法制最健全的资本市场。如今的美国资本市场可谓主导全球，美国的银行、基金等众多的金融工具和中介机构，组成了最强大的金融势力，并占据了全球资源配置的最高端，这是美国霸权最强有力的组成部分。

作为国际货币供应国，美国通过国际收支逆差向国际社会供给美元，逆差扩大，则美元供给增加；反之，逆差缩小，则美元供给减少。相应地，其他国家就整体来看的国际收支顺差形成了对美元的需求，顺差扩大，则美元需求增加；顺差缩小，则美元需求减少。短期来看，美元汇率动态取决于美元国际供求动态。供小于求，美元升值；供大于求，美元贬值；供求平衡，美元币值稳定。因此,美国处于一种微妙的特殊地位。由于美国可以用其本国货币对外进行支付,故可以用对外输出美元的方式来保持其国际收支逆差,只要其他国家愿意持有美元,美国就不会像其他国家那样面临巨大的平衡国际收支的压力。这意味着美国独自享有了国际货币的"铸造权"。

2008年次贷危机后,美国陆续实施一系列复兴经济发展的措施,2010年11月3日,美联储推出第二轮定量宽松货币政策,期望通过各国购买美国国债刺激美国经济复苏。至2012年底,美联储下属的联邦公开市场委员会宣布,将以每月450亿美元的规模在公开市场上购买美国国债,以代替到期的扭曲操作计划。第四轮量化宽松措施正式出台。全球经济继续缓慢复苏,由于美元是国际储备货币,而美国掌握印钞权,美联储新货币政策一抛出,立刻引起市场的剧烈波动。美联储的做法无异于全力开动了"印钞机",意味着将大量流动性资金重新投入市场,势必导致美元的大幅贬值,同时带来资产泡沫,并加大美国国内通货膨胀的风险。而美国作为全球最大的经济体,它的货币政策对世界经济的影响更为深远。2013年10月17日美国债务违约期限的最后一天,奥巴马在最后一刻签署了参议院以及众议院通过的财政法案,结束了美国政府长达16天的闭门歇业状态,并且最早将会在北京时间当日晚间时候恢复运行。但是,2013年美国债务危机仍没有安全度过。

(二)欧盟

1999年1月1日,欧元开始启动,标志着人类历史上一种新的货币组织模式诞生。尽管各国对欧元的成绩仍存在较大争论,但从总体上看,欧元取得了成功。截止到2012年底,欧盟成为一个涵盖27个国家、总人口超过4.8亿、国民生产总值高达12万亿美元的,当今世界上经济实力最强、一体化程度最高的国家联合体,主要体现在欧元对欧元区跨区和区内贸易、资本流动的促进以及欧元国际影响力不断上升等几个方面,欧元已经成为欧洲的象征之一。

(1)欧元有力地促进了欧元区贸易的增长。一般来说,汇率制度的设计应该以便利贸易为标准。从区域内贸易来说,货币一体化消除了不同货币间汇率的波动,并且使得各国市场分割的状况逐渐消除,欧元区内企业交易的固定成本因此下降,区内贸易进出口总值占GDP的比例不断得到提升。从国际贸易来说,随着欧元的采用,欧洲市场的透明度将会更大,企业要打交道的不再是十多种不同的货币,而只是一种货币,这使得结账更为方便,并能够预见可能出现的风险。受惠于统一的欧元,欧盟现已成为中国最大的贸易伙伴。1999~2010年欧元兑美元汇率走势如图1.8所示。

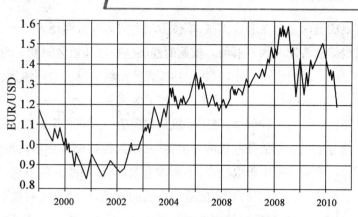

图1.8 1999~2010年欧元兑美元汇率走势
资料来源:路透 ECOWIN

(2)欧元的使用促进了区域内资本流动,也促进了欧元区经济发展。欧元区内经济体之间发展很不平衡,这制约了欧元区的经济发展,但也是欧元区经济发展的内在动力。德法等西欧国家人口结构老龄化,实体经济已经进入后工业化阶段,在社会结构和资本需求上,互补于西班牙、希腊和东欧国家,这些发展中的欧洲国家需要大量资本建设本国的基础设施,受惠于欧元区内资本的自由流动,德法等资本富余的欧洲国家可以为西班牙等国家的企业和政府融资,通过降低融资成本,促进欧元区内资本的优化配置,进而促进了欧元区的经济发展。

(3)欧元国际影响力不断上升。经过十多年的发展,欧元已经快速崛起为仅次于美元的全球第二重要的国际性货币。在外汇市场上,国际清算银行的外汇市场调查报告显示,近年在传统外汇市场的交易份额上,欧元仅次于美元,排在第二位,超过日元和英镑。欧元和美元是最活跃的交易品种,占据全球双币种交易总额的27%。欧元在大约40个国家的货币管理体制中发挥着名义锚的作用。

(4)欧元的实践为国际货币体系改革积累了经验。创建欧洲单一货币,是20世纪70年代初世界各国采用浮动汇率以来,发生在国际货币体系中的一个最为重大的事件。蒙代尔曾指出,欧元的重要性在于其具有改变国际货币体系结构的巨大潜力。欧元对国际货币体系的作用主要表现在两个方面:一是将推进国际货币体系向固定汇率制度回归,这可以在相当程度上免除国际投机资本的冲击,还能够降低汇率风险。二是欧元的实践在很大程度上为国际货币体系改革,建立和使用超主权货币积累了实践经验。通过设立统一的中央银行,一定程度上保持了政治上的一体化的做法,并为国际货币体系改革提供了一个选项。

当然,欧元发展仍面临着诸多挑战,欧元区的经济增长情况是未来欧元影响力的决定因素。欧元区各主要成员国之间在通货膨胀、单位劳动力成本等方面还表现出了一定的差异性，这加大了欧元区内部经济发展的不平衡。较低的经济增长率和地区间发展的不平衡将在很大程度上制约欧元货币竞争力的进一步增强，包括欧元区市场的进一步一体化、财政改革等措施在内的结构性调整，目前这对欧元区经济来说显得尤为重要。

欧元作为人类历史上的一种创举，经历危机是难免的，在2008年金融危机发生后，希腊等欧盟国家发生了债务危机。受债务危机的冲击，欧元作为国际储备货币的地位将会有一定程度的削弱。欧元区国家从危机中汲取教训，不断推进改革，推动欧元的发展，稳固其在国际货币体系中的地位。欧洲央行顶住压力，实施量化宽松的政策，同意有针对性、有限地购买欧元区成员国国债，通过多种措施帮助成员国度过危机。

① 要通过经济增长、增税等措施增加财政收入。

利用欧元贬值之机，加大力度推动对美国与新兴市场的出口，一些国家开始有所斩获，还将推出新的增长与增税政策。

② 另一方面，需要大力削减行政开支、社会福利，以及实施结构性财政退出刺激计划。

来自工人阶层的阻力将会很大，但为眼前舒适生活而拥抱更痛苦的未来并不值得，欧洲必须作出明智的选择，政治领导人的魄力将至关重要。

（三）英国

英国是最早开始工业化进程的资本主义国家。第一次工业革命首先发生在英国。1850年，英国在世界工业总产值中占39%，在世界贸易中占21%，均居垄断地位。第一次世界大战期间，英国的经济实力遭到严重打击，使其丧失了海上霸权。第二次世界大战以后，英国的经济力量遭到更严重的削弱，殖民地市场进一步缩小。20世纪60年代后期推行的高税、福利和国有化政策使英国经济处于极端困难境地。然而，英国由于工业发展历史较长，有比较完整的国民经济体系和工业体系，所以仍属世界上有较强经济实力的国家。1973年，英国加入欧洲经济共同体，改变了其依赖英联邦各国和发展中国家的传统，转而加强与欧洲国家的贸易关系。1979年，以撒切尔夫人为首的保守党政府开始治理"英国病"，其措施是：强调发挥市场经济作用，减少国家干预，紧缩开支，降低税收，整顿福利，调整工业，取消外汇管制，推行私有化和货币主义政策。结果使英国经济有了明显的恢复。

英国是世界上第六大经济体，欧盟内第三大经济体。私有企业是英国经济的主体，占国内生产总值的60%以上，服务业占国内生产总值的3/4，制造业仅占不到1/5。受全球金融危机影响，英国金融业遭受重创，经济形势严峻。2009年GDP收缩4.7%，为20世纪30年代大萧条以来最大衰退。截至2009年12月,英国失业人口247万,失业率7.8%。2009年第四季度,英国经济恢复增长,但增幅仅为0.3%。2010年第一季度经济增幅仅为0.2%。2013年的最后几个月英国经济增长势头良好,经济年增长率创六年新高。2013年增长率接近2%,是2007年以来最强势的一年,英国经济复苏有望。

事实上,英镑已显示出与欧元走势更趋紧密的迹象,欧元的诞生令欧元区成为英国最大的贸易伙伴。当然,美国仍然是英国最大的出口国,但出口额仅占英国对欧元区总体出口的一半。英国和欧元区利率近几年来也日益趋近。

(四)日本

经过1945年至1955年10年的艰苦努力,日本从战后一片废墟中恢复到战前水平,20世纪60年代,日本经济以10%的速度迅猛发展,经济进入高速增长时期,20世纪70至80年代,日本经济进入稳定增长期,经济平均增长速度为5%,经济取得了飞跃发展,迅速跨入世界先进国家行列,并一跃成为仅次于美国的世界第二大经济强国。

20世纪80年代以前,日本一直是世界经济的优等生。然而,80年代末至90年代初,日本出现"泡沫经济",经济出现过热现象。90年代以来,日本"泡沫经济"崩溃,经济进入持续衰退期。1992年至2000年,日本年均实际经济增长率只为1.0%,其他有关指标是家庭和个人消费年均增长1.4%,个人住宅投资和企业设备投资则分别为-3.1%和-0.2%,都是负增长。由此可见,在这10年间,日本的企业生产能力和国民生活水平基本上没有什么提高,勉强实现的经济增长主要是依靠公共投资和出口的扩大。

相比之下,美国自摆脱20世纪90年代初的经济危机后,经济从1991年3月起一直是稳定而强劲地扩大,到2000年9月,经济扩大已持续了115个月,堪称前所未有的大型经济繁荣。1992~2000年,美国年均经济增长率为3.2%,除个别年份外,一直处于发达国家的最高水平。另外,西欧和加拿大的经济发展状况也都明显地好于日本。这样,日本就沦为了发达国家经济的"劣等生"。对日本经济来说,20世纪90年代可以说是失去了的10年。2000年前后,受美国IT繁荣的影响,日本曾出现过短暂的IT景气,20世纪经济增长率达到2.9%。然而,2001年美国IT泡沫崩溃后,日本经济又再次陷入危机,2001年度实际经济增长率为0.2%。日本经济从2002年初开始复苏,当年年度实际增长率恢复到0.3%,2003~2007年度分别增长1.4%、2.7%、1.9%、2.0%和2.4%。这次景气从2002年2月开始,到2007年已持续了65个月,成为战后以来持续时间最长的景气现象。这次景气扩大实际增长率年均为1.5%,虽然不算高,但与90年代的年均1%的增长率相比明显提高。

日本经济的这次景气复苏是在世界经济、东亚经济,特别是中国经济增长的有利的国际环境中实现的。由此,日本才实现了出口增加并以此带动了景气复苏。2002、2003 和 2004 年度,日本出口分别增加 8.5%、6.3% 和 10.1%,其中对中国出口分别增加 34.3%、33.3% 和 20.5%;2005 年,日本出口增加 7.3%,其中对中国出口增加 10.6%。"中国特需":由于面向中国的出口迅速增加,日本企业的开工率普遍提高,其中钢铁在 2005 年甚至一度出现了供不应求的局面。机械设备订货也很旺盛,2005 年第四季度超过 7 万亿日元,是 1997 年第三季度以来的最高水平,其中,12 月为 2 万零 593 亿日元,是 1987 年 5 月以来的最高水平。造船业、海运业也接满了订单,呈现出一派繁荣的景象。

然而,进入 2008 年,由于受国际金融危机的影响,日本经济在这一年的名义增长率和实际增长率再次出现双负增长,名义经济增长率下降 1.6%,实际经济增长率下降 0.6%,且危机延续到 2009 年,一季度,日本实际经济增长率下降 9.7%,名义经济增长率下降 8.6%,均创战后历史最大降幅。

(五)德国

德国是外向型经济比较突出的国家,经济的增长对国际大环境的依赖比较严重。国内生产总值中大约 1/3 为出口产品,每三个工作岗位中就有一个依赖于出口。同时,德国经济依靠出口,和外国的联系非常密切,所以德国的外经贸关系在德国经济中发挥着重要的作用。

德国在全球的钢铁生产、煤炭开采、化学产品制造、机器设备制造、汽车制造、电子技术和电子产品生产以及造船领域里都属于最大的生产制造商。德国企业中有大约 90% 是中小企业,其中大部分专门生产具有创新性和高质量的产品,并在国际竞争市场上赢得了一席之地。由数量惊人的德国中型企业作为所谓的"幕后胜利者"领导着国际各行各业的市场。例如,世界上 90% 的硬币是由德国南部一家机器制造厂的设备铸造出来的,这些硬币包括美国的 1 美元硬币和所有的欧元硬币。德国中小企业所发挥的另外一个重要作用在于大型企业与中小企业合作上,其中一系列的著名企业,如巴斯夫(BASF)、拜耳、戴姆勒 - 克莱斯勒、西门子和蒂森 - 克虏伯都与作为伙伴和配件供应商的中小企业密切合作。

德国经济地位的五大优势:

①德国拥有 8 200 万人口,国内生产总值约为 20 630 亿欧元(2001 年),是欧洲最大的市场之一。德国占整个欧盟国内生产总值约 25% 的权重。

②德国是欧洲重要的交通枢纽,并在已有的欧洲市场和新兴的中东欧市场中发挥着纽带作用。

③德国以其在技术研发领域所取得的突出成就而闻名。它提供着欧盟 1/3 的研发经费。另外,它在申请发明专利方面也居领先地位,企业、优秀大学和研究所之间的密切合作为中小企业采用新技术及提高生产力打开了方便之门。

④德国拥有先进的通信系统及良好的基础设施。

⑤德国的"双轨教育体制"将企业的实际培训与学校里的理论学习统一起来,为劳动市场提供了受过良好培训的劳动力。另外,德国大学在培训和专业技术人员继续深造方面发挥了重要作用。德国的大学在研究领域里始终处于领先地位并提供各方面的培训项目。

德国政府一直希望将绿色经济作为摆脱经济危机的出路,更重要的是要努力谋求面向未来的经济可持续发展。绿色经济能够刺激经济景气和建立新的经济行业。同时,要谋求整体经济的现代化,使当前的工业核心向资源有效利用方向转变,也要努力实现经济长远、合理、低碳型、资源节约型增长。环保技术是当下德国经济的稳定器,并将成为其未来经济振兴的关键。如果德国经济能顺利实行生态变革,到 2020 年国内可新增 100 万个就业岗位。德国环保技术和产品质量多年来处于世界领先水平,环保意识在德国已深入人心。随着世界经济的支撑作用日渐减弱,德国经济要在复苏的道路上继续前进就只能依靠自身实力。要想解决德国的经济结构问题,政府必须将劳动力市场和社会福利体制的改革继续向前推进,加快对东部地区经济的改造和对高科技、教育的投入,同时加强创新对经济增长的贡献,这是实现经济持续增长、创造新就业机会的关键。

(六)加拿大

加拿大位于北美洲北部,处于美国的东北,是世界上最富有的国家之一,其市场经济体制、生产方式和生活水平与美国相似,也是西方七大工业国家和世界十大贸易国之一。制造业和高科技产业发达。加拿大经济对外贸依赖严重,商品出口占国内生产总值的 41%,主要出口汽车及零配件、其他工业制品、林产品、金属和能源产品;主要进口机械设备、汽车及零配件、工业材料、其他消费品及食品。主要贸易对象是美国、日本、欧盟国家。

随着 2009 年经济的逐渐复苏,2010 年加拿大实现了经济的稳定增长,为未来经济的发展奠定了更加稳固的基础,并拥有一个健康的商业投资环境,这主要体现在商业投资的增加、贸易数额的扩大、失业率的降低等。这些利好形势刺激了消费的增长,提升了商业投资市场的信心。2010 年,加拿大各省和地区的出口额均实现了增长,贸易额在经历了前半年的滑落后,在后半年上升了 3.1 个百分点。就业问题的解决措施初见成效,就业率初步达到了经济衰退前的水平,在 2011 年初会超过经济衰退前的最高值。

随着加元迅速升值,加拿大经济也存在隐忧。首先,加元升值与欧元近来贬值不无关联。希腊债务危机拖累了欧元的地位,在发达国家财政状况普遍不容乐观的情况下,投资者开始转向那些经济规模较小但财政状况稳健的国家的货币。与此同时,市场预期加元将比美元更早升息。在此背景下,加元成为"热钱"首选目标之一。也就是说,加元升值与国际金融市场运作有一定关系,而并非完全是加拿大本身经济力量的反映。

其次,加元升值会降低加拿大产品的竞争力,打击开始转好的出口行业。在北美市场上,加拿大产品的主要竞争对手是美国产品。加元升值,造成加拿大产品价格逐渐高于美国同类产品,这势必压制加对美出口。由于加拿大出口的80%依赖美国,如果出现这种情况,无疑是加拿大经济的梦魇。此外,加元升值也会提高外国企业进入加拿大市场的成本,增加加拿大吸引外资的困难。

面对加元升值趋势,加拿大政府也不断强调加强与新兴经济体经贸关系的重要意义,中国、印度和巴西等国日益突出地被提到加拿大的对外贸易日程上来。有分析指出,过去5年里,在加美贸易大幅滑坡的同时,中加贸易增长了55%,2011年,加拿大对中国出口量已经超过对日本的出口,达到112亿加元。正因为如此,加拿大经济界2011年以来一再呼吁,要加大开拓北美以外市场的力度,以求抵消加元升值带来的负面影响。

(七)澳大利亚

近些年来,澳大利亚的经济表现在世界各国中显得尤为突出,比以往任何时候更具竞争力、更加灵活和更有生机,尽管不能与美国和日本相比,但澳大利亚的经济实力却比瑞典、比利时和瑞士强大。澳大利亚经济实现了高增长、低通货膨胀、低利率,政府办事有实效,劳动市场灵活,商业具有竞争力。澳大利亚政府已实现预算盈余,现在的经常项目下赤字主要由私营部分的交易造成,包括私人投资和借款。随着改革的广泛深入,私人投资和借款的基础也将变得更加牢固。

澳大利亚是全球主要的商品出口国,澳大利亚在生产复杂而高级的产品上占有很大优势,从汽车零部件到快艇渡轮;在服务业上同样占据优势,从旅游到计算机、教育和金融服务等。由于电信基础完善,澳大利亚完全有条件在电子商务和互联网时代取得成功。

技术的彻底革命和亚太地区势不可挡的变化将给澳大利亚经济带来空前的机会,澳大利亚将因坚决、持续的经济改革而从这些机会中获益。

(八)瑞士

瑞士是发达的工业国家。机械、化工、纺织、钟表和食品五大工业部门为瑞士的工业支柱。

瑞士食品工业主要是利用本国生产的原料来发展的,出口的速溶咖啡和浓缩食品盛誉世界。雀巢公司是瑞士最大的工业垄断组织,是世界最大食品公司。瑞士钟表业有500多年的历史,享有"钟表王国"之称。瑞士的金融业非常发达,共有600余家银行,分支机构5 070家,银行总资本达5 000多亿美元,纳税额占国家税收的20%,有"金融帝国"之称。瑞士对外贸易十分发达,主要出口产品是机械、冶金、化工、医药、钟表、纺织品、服装及部分食品。

对国际金融界有着重要意义的两大瑞士城市分别是苏黎世和巴塞尔。苏黎世是瑞士第一大城,瑞士的经济之都,工商业和金融中心,也是西欧重要的金融中心,苏黎世的证券交易所交易额在西欧交易所中首屈一指,也是西方最大的黄金交易市场之一。巴塞尔位于莱茵河湾和德法两国交界处,是瑞士第二大城市,国际清算银行和国际重建发展银行都在这里。约束国际商业银行的《巴塞尔协议》也为世人所知。瑞士法郎是瑞士的法定货币,由瑞士的中央银行发行。瑞士法郎有史以来一直充当避险货币的角色,这是因为:瑞士央行(SNB)独立制定货币政策;全国银行系统的保密性以及瑞士的中立国地位。此外,SNB充足的黄金储备量也对货币的稳定性有很大帮助。

由于瑞士和欧洲经济的紧密联系,瑞士法郎和欧元的汇率显示出极大的正相关性,即欧元上升的同时也会带动瑞士法郎的上升。两者的关系在所有货币中最为紧密。

从表1.2可以看出,从2009年后半年开始,瑞士经济已经进入复苏状态,并且稳步增长。而在瑞士消费者物价指数数据中(图1.9)可以看出,近期消费者物价指数基本是持平状态,也符合瑞士经济整体稳定的状态。所以瑞士法郎长期走势应该是随着瑞士经济稳步缓慢上升的。

表1.2 瑞士GDP变动率(2008.3~2014.2)

时期	预测值	前值	现值	公布日期
第四季度	2.0%	1.90%	1.7%	2014-02-27
第三季度	1.80%	2.50%	1.9%	2013-11-28
第二季度	1.7%	1.2%	2.5%	2013-09-03
第一季度	1.0%	1.4%	1.1%	2013-05-30
第四季度	0.9%	1.4%	1.4%	2013-02-28
第三季度	0.8%	0.5%	1.4%	2012-11-29
第二季度	1.6%	2.0%	0.5%	2012-09-04
第一季度	0.8%	1.3%	2.0%	2012-05-31
第四季度	1.1%	1.3%	1.3%	2012-03-01
第三季度	1.8%	2.3%	1.3%	2011-12-01
第二季度	2.3%	2.4%	2.3%	2011-09-01

续表1.2

时期	预测值	前值	现值	公布日期
第一季度	3.0%	3.1%	2.4%	2011-05-31
第四季度	2.7%	3.0%	3.1%	2011-03-01
第三季度	3.1%	3.4%	3.0%	2010-12-02
第二季度	2.6%	2.2%	3.4%	2010-09-02
第一季度	1.7%	0.6%	2.2%	2010-06-01
第一季度	0.6%	0.70%	3.0%	2010-05-28
第四季度	-0.4%	-1.3%	0.6%	2010-03-02
第三季度	-1.5%	-2.0%	-1.3%	2009-12-01
第二季度	-3.0%	-2.4%	-2.0%	2009-09-01
第一季度	-1.7%	-0.6%	-2.4%	2009-06-02
第四季度	-0.1%	1.6%	-0.6%	2009-03-03
第三季度	1.7%	2.3%	1.6%	2008-12-04
第二季度	2.4%	3.0%	2.3%	2008-09-02
第一季度	3.4%	3.6%	3.0%	2008-06-02
第四季度	2.6%	2.9%	3.6%	2008-03-04

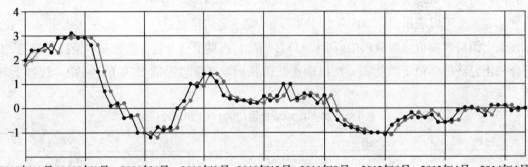

图1.9 瑞士消费者物价指数变动率

三、美元指数的含义

美元指数(US Dollar Index,USDX)是综合反映美元在国际外汇市场的汇率情况的指标,用来衡量美元对一揽子货币的汇率变化程度,类似于显示美国股票综合状态的道琼斯工业平均指数(Dow Jones Industrial Average)。美元指数显示的是美元的综合值,它通过计算美元和对选定的一揽子货币的综合的变化率衡量美元的强弱程度,从而间接反映美国的出口竞争能力和进口成本的变动情况。在1999年1月1日欧元推出后,美元指数的标的物进行了调整,从

10个国家减少为6个国家,欧元也一跃成为最重要、权重最大的货币,其所占权重达到57.6%,因此,欧元的波动对 USDX 的强弱影响最大。各种货币权重如下:欧元57.6%,日元13.6%,英镑11.9%,加元9.1%,瑞典克朗4.2%,瑞士法郎3.6%。当前的 USDX 水准反映了美元相对于1973年基准点的平均值,并以100.00点为基准来衡量其价值,如105.50点的报价,是指从1973年3月份以来其价值上升了5.50%。到目前为止,美元指数曾高涨到过165个点,也低至过80点以下。该变化特性被广泛地在数量和变化率上同期货股票指数作比较。美元指数一般用来分析大趋势的变化。美元指数上涨,美股是下跌的,两者是反向关系,绝大部分是这样。美元指数上涨,道琼斯指数也是上涨的,此时黄金大跌,二者同向的时候少。黄金、美元指数、美股互相理解记忆较好,三者关系为:黄金与美股同向、与美元反向,美元与美股反向。

美元指数上涨,说明美元与其他货币的比价上涨,也就是说美元升值,国际上主要的商品都是以美元计价,那么所对应的商品价格应该是下跌的。美元升值对美国的整个经济有好处,既提升本国货币的价值,又增加了购买力。但对一些行业也有冲击,比如说,出口行业,货币升值会提高出口商品的价格,因此对一些公司的出口商品有影响。若美元指数下跌,则相反。

【实训项目小结】

外汇是外汇交易的核心对象,掌握有关外汇的基本知识是研究如何进行外汇模拟交易的基础。外汇指以外国货币表示的、能用来清算国际收支差额的资产。一种外币资产能成为外汇需要具有三个条件:自由兑换性、普遍接受性和可偿性。本章用通俗的语言介绍有关外汇的基本理论知识,使学生熟悉外汇交易的常见币种,并通过实训软件了解外汇交易中常见的外汇符号,为后文进行外汇模拟交易部分的讲解奠定理论基础。

【实训项目任务】

(1)打开外汇行情,掌握常用的交易货币名称及代码缩写。

(2)通过观察各国货币的图形,掌握外汇交易中主要交易货币的基本属性。

(3)调查资料,掌握当前主要货币发行国经济状况。

【实训项目报告】

实训项目报告一：外汇基础知识

目的要求	
报告内容	一、实验内容 二、实验基本步骤 三、实验数据记录和处理
实验结果与分析	

实训项目二

外汇汇率

【实训目标与要求】

本项目帮助学生理解外汇汇率的基本概念,掌握汇率标价法,看懂报价行的报价,灵活运用知识收集影响相关汇率变动的信息,要求学生了解外汇投资与股票投资的差异以及几种重要货币的投资特性,熟悉外汇的标价方式以及交叉汇率的换算方法,为进一步进行外汇投资奠定基础。

【实训项目知识准备】

一、汇率定义

汇率又称汇价,指一国货币以另一国货币表示的价格,或者说是两国货币间的比价,通常用两种货币之间的兑换比例来表示。例如:2014 年 4 月 30 日,USD1 = CNY6.158 0,把货币 USD 看成是商品,CNY 看成是标价货币,则 1 美元商品的价格是 6.158 0 元人民币。

汇率是一个包含两种货币的等式,比如:2014 年 5 月 3 日,USD/JPY = 102.24,表示 1 美元等于 102.24 日元,在这里美元称为基础货币,日元称为计价货币。

由于外汇种类繁多,各国主要给出本国货币对美元的汇率,称为基本汇率(也称直盘),例如:EUR/USD(欧元兑美元)、USD/JPY(美元兑日元)、GBP/USD(英镑兑美元)、USD/CHF(美元兑瑞士法郎)、USD/AUD(美元兑澳元)、NZD/ USD(新西兰元兑美元)、USD/CAD(美元兑加元);不涉及美元的两种货币之间的汇率可以通过基本汇率换算获得,称为交叉汇率(也称交叉盘),例如:EUR/JPY(欧元兑日元)、EUR/GBP(欧元兑英镑)、EUR/CHF(欧元兑瑞士法郎)、GBP/JPY(英镑兑日元)、GBP/CHF(英镑兑瑞士法郎)、AUD/JPY(澳元兑日元)。

国际外汇市场上,汇率的价格共有 5 位数字,如:

欧元/美元 EUR/USD 1.142 5   美元/日元 USD/JPY 119.95

英镑/美元 GBP/USD 1.623 7　　　　　美元/瑞士法郎 USD/CHF 1.500 3

汇率价格的最后一位数,称之为"一点",这是汇率变动的最小基本单位,即最后一位数的一个数字变化,称为一个汇价基点(Point),简称汇率点,如美元兑日元为119.95中的0.01、欧元兑美元为1.142 5中的0.000 1,都称为一点。如:

欧元 EUR 0.000 1　　　　　　　　日元 JPY 0.01
英镑 GBP 0.000 1　　　　　　　　瑞士法郎 CHF 0.000 1

二、汇率标价方法

外汇汇率标价方法主要有直接标价法和间接标价法两种。

(一) 直接标价法

直接标价法,又称应付标价法,是以一定单位(1、100、1 000、10 000)的外国货币为标准来计算应付出多少单位本国货币。就相当于计算购买一定单位外币所应付的本币,所以称应付标价法,即以1单位或100单位外国货币作为标准,折算为相应的本国货币数量。包括中国在内的世界上绝大多数国家目前都采用直接标价法。在国际外汇市场上,日元、瑞士法郎、加元等均为直接标价法,如日元119.05,即1美元兑119.05日元。

在直接标价法下,若一定单位的外币折合的本币数额多于前期,则说明外币币值上升或本币币值下跌,称为外汇汇率上升;反之,如果要用比原来少的本币即能兑换到同一数额的外币,这说明外币币值下跌或本币币值上升,称为外汇汇率下跌,即外币的价值与汇率的涨跌成正比。

(二) 间接标价法

间接标价法又称应收标价法。它是以一定单位(如1个单位)的本国货币为标准,计算应收若干单位的外国货币,即1单位本国货币为标准,折算为相应的外国货币数量。在国际外汇市场上,欧元、英镑、澳元等均为间接标价法。如欧元0.970 5,即1欧元兑0.970 5美元。

在间接标价法下,本国货币的数额保持不变,外国货币的数额随着本国货币币值的对比变化而变动。如果一定数额的本币能兑换的外币数额比前期少,这表明外币币值上升,本币币值下降,称为外汇汇率上升;反之,如果一定数额的本币能兑换的外币数额比前期多,则说明外币币值下降、本币币值上升,称为外汇汇率下跌,即外币的价值与汇率的涨跌成反比。

原英联邦国家以及欧元区采用间接标价法,即欧元、英镑、澳大利亚元、新西兰元采用间接标价法,如欧元1.301 2 即1欧元兑1.301 2美元。

凡是谈到直接标价法和间接标价法,必须分清楚本币和外币,但对于一个汇率表达式,有时两个货币对于我们来说都是外币,这时候就必须站在某一货币角度来判断。例如 USD1 =

JPY120.40,如果站在JPY货币角度,即把JPY看成本币,USD看成外币,则JPY是直接标价法;如果站在USD货币角度,即把USD看成本币,JPY看成外币,则USD是间接标价法。

由此可见,同一汇率表达式既可以认为是直接标价法,也可以认为是间接标价法,只是站在不同角度而已,见表2.1。

表2.1 汇率标价方法

直接标价法	间接标价法
美元/日元 = 107.56/61	欧元/美元 = 1.475 0/55
美元/加元 = 1.014 0/45	英镑/美元 = 1.964 3/48
美元/瑞士法郎 = 1.158 0/85	澳元/美元 = 0.850 2/07

三、买入汇率和卖出汇率的判断

在外汇交易中,外汇市场上的报价一般为双向报价,由买价与卖价组成。即由报价方同时报出自己的买入价和卖出价,由客户自行决定买卖方向。买价与卖价的差别为点差,交易商通过买卖的点差获利。买入价和卖出价的价差越小,对于投资者来说意味着成本越小。银行间交易的报价点差正常为2~3点,银行(或交易商)向客户的报价点差依各家情况差别较大,目前国外保证金交易的报价点差基本在3~5点,香港在6~8点,国内银行实盘交易在10~50点不等。

买入价(Bid Rate)是银行向客户买入外汇(标价中列于"/"左边的货币,即基础货币)时所使用的汇率;卖出价(Offer Rate)是指银行卖出外汇(标价中列于"/"左边的货币,即基础货币)时所使用的汇率。外汇中间价是买入汇率和卖出汇率的平均数。

例如,USD/CNY报价6.289 6/6.294 9,前面是银行买入价,后面是银行卖出价,表示银行愿意用6.289 6元人民币买入美元,以6.294 9元人民币的价格卖出美元,又如:欧元/美元报价1.321 7/1.321 9,表示银行愿意以1.321 7美元的价格买入欧元,以1.321 9美元的价格卖出欧元。按照银行的报价,如果客户有1 000美元想兑换成欧元,那么按照1.321 9的价格,计算方法为1 000美元/1.321 9 = 756.49欧元。

如果需要1 000欧元,按照上面的报价,应该用多少美元?价格是1.321 7,计算方法为 x 美元/1.321 7 = 1 000欧元,计算出需要1 321.7美元才可以兑换到1 000欧元。

四、交叉汇率的计算

交叉汇率的计算是指根据其他两种货币的汇率通过计算得出的汇率。在国际市场上,几乎所有的货币对美元都有一个兑换率。而一种非美元货币对另外一种非美元货币的汇率,往往就需要通过这两种货币对美元的汇率进行套算,这种套算出来的汇率就称为交叉汇率。交叉汇率的一个显著特征是一个汇率所涉及的是两种非美元货币间的兑换率。知道中间汇率后,进行汇率的套算比较简单。根据两种货币汇率中起中介作用的货币所处的位置,将交叉汇率的计算方法分为三种。

(一)美元均为基础货币时,用交叉相除的计算方法

$$\text{买入价\quad 卖出价}$$
$$\text{USD/JPY}:120.00/120.10$$
$$\text{USD/CHF}:1.310\,0/1.311\,0$$
$$(\text{交叉相除})\text{买入价\quad 卖出价}$$
$$\text{CHF/JPY}=91.53/91.68$$

由于交叉相除,就要确定两个问题,一是分子与分母的确定,二是确定交叉的是分子还是分母。在美元均为基础货币时,套算汇率中,处于基础货币位置上的、原来给定的含有该基础货币的汇率为分母,原来给定的含有标价货币的汇率为分子,交叉的是分母。

上例中要求计算 CHF/JPY 汇率,该汇率中 USD/CHF 为:1.310 0/1.311 0 作为分母,并将其交叉,将 USD/JPY 为:120.00/120.10 作为分子,则 CHF/JPY 的买入价为 120.00/1.311 0 = 91.53,卖出价为 120.10/1.310 0 =91.68,即所求交叉汇率为:CHF/JPY 为:91.53/91.68。

(二)美元在两个货币汇率中均为标价货币,交叉汇率计算方法仍为交叉相除

$$\text{买入价\quad 卖出价}$$
$$\text{EUR/USD}:1.101\,0/1.102\,0$$
$$\text{GBP/USD}:1.601\,0/1.602\,0$$
$$(\text{交叉相除})\text{买入价\quad 卖出价}$$
$$\text{EUR/GBP}=0.687\,3/0.688\,3$$

这种情况下,套算汇率中,处于基础货币位置上的、原来给定的含有该基础货币的汇率为分子,原来给定的含有该标价货币的汇率为分母,交叉的仍然是分母。

本例中,中介货币美元在给定的两个汇率中均处于标价货币,在计算的交叉汇率 EUR/GBP 中,EUR 是基础货币,GBP 是标价货币。仍然可以从客户的角度进行分析。EUR/GBP 的买入价,从客户的角度进行分析,首先卖出 1 欧元,买进美元,使用的汇率为 EUR/USD 的买入价 1.101 0,换得 0.687 3 [1.101 0 × (1/1.602 0)]英镑,此即为 EUR/GBP 的买入价。

按同样思路计算得到 EUR/GBP 卖出价为 0.688 3 [=1.102 0 × (1/1.601 0)]。

即 EUR/GBP 的买入价为

$$1.1010/1.6020 = 0.6873$$

卖出价为

$$1.1020/1.6010 = 0.6883$$

故 EUR/GBP 的汇率为

$$0.6873/0.6883$$

(三) 美元在一种货币的汇率中是基础货币,在另一种货币的汇率中是标价货币

交叉汇率的计算方法为垂直相乘(同边相乘),即两种汇率的买入价和卖出价分别相乘:

     买入价 卖出价
USD/JPY:120.10/120.20
EUR/USD:1.1005/1.1015
(同向相乘)买入价 卖出价
EUR/JPY = 132.17/132.40

总之,第一步确定货币组合,第二步确定价格,第三步确定用乘法还是除法。等号两边货币相同,交叉相除;等号两边货币不同,同向相乘。

五、盈亏计算

通常情况下,外汇交易系统会自动核算每个部位的即时盈亏,市场价格一有变动,盈亏立即随之变化,所以客户可立刻看到账上的最新即时盈亏。在外汇盈亏计算中主要涉及开仓数量、持仓时间长短、外汇价格走势、利息等因素。

(一) 盈亏计算公式

①USD/JPY,USD/CHF,USD/CAD

计算公式:[(平仓价 - 入市价) × 数量 × 合约金额]/平仓价 + (-)利息 = 盈(亏)。

以 USD/JPY 为例,于 132.00 买入 2 手单,1 手单是 100,000 美元,在同一交易日,以 132.50 结清该部位(平仓 2 手单)。

计算式:(132.50 - 132.00) × 2 × 100,000/132.50 + 0 = MYM754.72 获利。

②EUR/USD,GBP/USD,AUD/USD

计算公式:(平仓价 - 入市价) × 数量 × 合约金额 + (-)利息 = 盈(亏)。

以 EUR/USD 为例,于 0.8500 买进 2 手单,在同一交易日,以 0.8570 价位结清该部位(平仓 2 手单)。

计算式:(0.8570 - 0.8500) × 2 × 100,000 + 0 = MYM1 400 获利。

(二)利息计算方法

保证金外汇交易利息的计算公式有两种：一种是用于直接汇率报价的外币,像日元、瑞士法郎等,另一种用于间接汇率报价的外币,如欧元、英镑、澳元等。

①日元、瑞士法郎的利息计算公式为:

$$\{[合约金额 \times (1/入市价) \times 利率]/360\} \times 天数 \times 合约数$$

②欧元、英镑、澳元的利息计算公式为:

$$[(合约金额 \times 入市价 \times 利率)/360] \times 天数 \times 合约数$$

其中"利率"是变量,由进行交易的银行或者平台公司提供,每个平台都有相关通知。

【实训项目内容】

一、如何判断银行买卖价

在判断报价时要牢记两点:一是报价是站在银行立场的银行买卖价;二是针对基础货币,即对写在前面的货币而言的。

举例说明:

(1)如美元/日元的汇率为 115.25/115.35,表示客户向银行卖出美元买入日元(银行买入美元)的汇率为 115.25,而客户向银行卖出日元买入美元(银行卖出美元)的汇率为 115.35。因此,如果想将 100 美元兑换成日元,那么,应按照 115.25 的汇率,兑换得 11 525(即 100 × 115.25)日元;如果想将 10 000 日元兑换成美元,那么,应按照 115.35 的汇率,兑换得 86.69(即 10 000/115.35)美元。

(2)澳元/美元汇率为 0.583 0/0.584 0,表示银行买入澳元卖出美元的汇率为 0.583 0,而买入美元卖出澳元的汇率为 0.584 0。

二、查看外汇市场行情实例

(一)通过查看外汇市场实时行情,掌握基本汇率的主要货币的代码表示(表 2.2)

表 2.2　某日外汇市场行情

序号	名称	代码	涨跌/%	买入价	卖出价
1	欧元美元	EURUSD	-0.002	1.322	1.324
2	英镑美元	GBPUSD	0.007	1.616	1.617
3	美元日元	USDJPY	0.06	86.08	86.09
4	澳元美元	AUDUSD	0	1.037	1.040

续表2.2

序号	名称	代码	涨跌/%	买入价	卖出价
5	美元加元	USDCAD	0.001	0.996	0.999
6	美元瑞郎	USDCHF	0	0.913	0.917
7	美元港币	USDHKD	0	7.752	7.757
8	美元人民币	USDCNY	-0.004	6.232	6.233

(二)人民币对美元汇率中间价(2013年11月~2014年3月)

人民币对美元汇率中间价如图2.1所示。

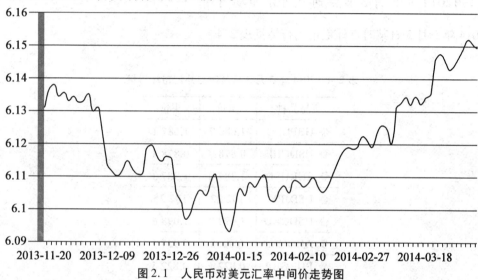

图2.1 人民币对美元汇率中间价走势图

(三)人民币汇率中间价列表

人民币汇率中间价列表见表2.3。

表2.3 人民币汇率中间价列表

日期	美元	欧元	日元	港元	英镑	林吉特	卢布	澳元	加元	新西兰元
2014-04-30	615.8	850.33	6.0235	79.425	1036.02	52.502	571.58	573.07	562.22	529.27
2014-04-29	615.56	852.89	6.0261	79.396	1035.06	52.716	575.6	570.52	558.36	528.16
2014-04-28	615.65	850.67	6.0505	79.404	1033.21	52.723	578.48	573.27	557.78	529.92
2014-04-25	615.76	851.5	6.0385	79.419	1034.78	52.801	574.46	572.24	558.51	528.78

续表2.3

日期	美元	欧元	日元	港元	英镑	林吉特	卢布	澳元	加元	新西兰元
2014-04-24	615.89	851.07	6.0256	79.438	1033.96	52.63	574.09	573.75	558.4	532.63
2014-04-23	615.99	850.28	6.0171	79.457	1036.46	52.688	574.35	578.45	558.47	531.68
2014-04-22	616.1	849.69	6.0146	79.456	1034.28	52.534	574.64	576.37	558.92	529.37
2014-04-21	615.91	850.66	6.0188	79.429	1034.21	52.381	572.99	575.67	558.8	529.69
2014-04-18	615.86	850.66	6.0304	79.421	1033.91	52.062	571.76	576.25	559.42	529.48
2014-04-17	615.75	851.8	6.0491	79.409	1036.62	52.074	580.24	579.24	559.54	533.01

(四)2014年5月3日某时点外汇市场行情

2014年5月3日某时点外汇市场行情见表2.4。

表2.4 2014年5月3日某时点外汇市场行情

交易品种	卖价	买价
⬆ GBPUSD	1.686 7	1.687 1
⬇ USDCHF	0.878 0	0.878 4
⬇ EURUSD	1.387 0	1.387 3
⬆ USDJPY	102.22	102.25
⬆ USDCAD	1.098 2	1.098 6
⬇ AUDUSD	0.926 8	0.927 2
⬇ EURGBP	0.822 1	0.822 5
⬆ EURAUD	1.495 9	1.496 9
⬇ EURCHF	1.217 8	1.218 5
⬆ EURJPY	141.79	141.83
⬆ GBPCHF	1.480 8	1.481 8
⬆ CADJPY	93.04	93.14
⬆ GBPJPY	174.42	174.49
⬇ AUDNZD	1.069 6	1.060 6

三、汇率的计算

例1 按照表2.4中2014年5月3日银行的报价,如果有1 000美元想兑换成英镑,按照

1.687 1 的价格,计算方法为 1 000 美元/1.687 1 = 592.733 英镑。

问:如果需要 1 000 英镑,按照表 2.4 的报价,应该用多少美元呢?

解 价格是 1.686 7,计算方法为:x 美元/1.686 7 = 1 000 英镑,计算出需要 1 686.70 美元才可以换到 1 000 英镑。

例 2 已知,外汇市场某日牌价:欧元/美元为 1.276 9/1.312 2,求美元/欧元。

解 美元/欧元的买入价,应以 1 除以欧元/美元的卖出价,即 1 除以 1.312 2,即 1/1.312 2 = 0.762 1;美元/欧元的卖出价,应以 1 除以欧元/美元的买入价,即 1 除以 1.276 9,即 1/1.276 9 = 0.783 1。因此,美元/欧元的买入价卖出价为 0.762 1/0.783 1。

例 3 已知,英镑对美元的即期汇率为 GBP1 = USD1.612 5/1.613 5;美元对日元的即期汇率为 USD1 = JPY150.80/150.90。

计算:英镑对日元的即期汇率。

解 因为两个即期汇率,一个以美元作为计价货币,一个以美元作为单位货币,所以,应该采用同边相乘的方法。

英镑买入价(即日元卖出价):

$$GBP1 = 1.612\ 5 \times 150.8 = JPY243.17$$

英镑卖出价(即日元买入价):

$$GBP1 = 1.613\ 5 \times 150.90 = JPY243.48$$

英镑对日元的即期汇率为:

$$GBP1 = JPY243.17/243.48$$

【实训项目小结】

本章主要介绍了外汇汇率的概念,了解常见的外汇汇率种类,要求学生进入世华财讯模拟外汇交易系统观察外汇实时行情,讲解当前外汇市场常见的外汇标价方法:直接标价法和间接标价法。在不同标价法下,介绍交叉汇率的套算方法,为后面的讲解奠定理论基础。

【实训项目任务】

1. 选择题

(1)2014 年 5 月 3 日伦敦外汇市场上美元对英镑汇率是:英镑 1 = 美元 1.687 3/1.687 6,某客户买入 50 000 美元,需支付( )英镑。

　　A.29 633.14　　　　B.84 365　　　　　C.84 380　　　　　D.29 627.87

(2)2013 年 12 月 31 日,假设国家外汇管理局公布的人民币对美元基准汇率为美元 1 = 人民币 6.096 9,这是( )。

　　A.买入价　　　　B.卖出价　　　　　C.浮动价　　　　　D.中间价

(3)一美国出口商向德国出售产品,以欧元计价,收到货款时,他需要将100万欧元兑换成美元,银行的标价是EUR/USD = 1.387 0/1.387 6,他将得到(　　)万美元。

A.138.70　　　　B.138.76　　　　C.72.09　　　　D.72.06

2. 简答题

(1)举例说明什么是直接标价法和间接标价法。

(2)登录世华财讯或者工商银行模拟交易平台,查找行情,了解外汇银行的外汇报价方式。

(3)找出汇率报价中(表2.5)哪些属于基本汇率报价?哪些属于交叉汇率报价?

表2.5　基本汇率报价

序号	名称	代码	幅度/%	成效	涨跌	昨收	开盘	最高	最低	实入价	卖出价
1	欧元美元	EURUSC	-0.12	1.321 7	-0.001 6	1.323 3	1.123 4	1.325 5	1.316 6	1.321 7	1.321 9
2	英镑美元	GBPUSC	+0.41	1.616 3	+0.006 6	1.609 7	1.609 8	1.616 6	1.607 7	1.616 3	1.616 6
3	美元日元	USDJPY	+0.07	86.08	+0.06	86.02	86.05	86.63	85.94	86.08	86.09
4	澳元美元	AUDUSD	-0.03	1.037 2	0.000 3	1.037 5	1.037 6	1.039 8	1.036 0	1.037 2	1.037 4
5	美元加元	USDCAD	+0.14	0.996 3	+0.001 4	0.994 9	0.994 9	0.996 7	0.993 5	0.996 3	0.996 4
6	美元瑞郎	USDCHF	0.00	0.913 2	0.000 0	0.913 2	0.913 2	0.918 0	0.911 4	0.913 2	0.913 4
7	美元港元	USDHKC	-0.00	7.751 6	-0.000 1	7.751 7	7.751 6	7.752 2	7.750 2	7.751 6	7.751 9
8	美元人民币	USDCNY	-0.06	6.232 2	-0.003 8	6.236 0	6.236 0	6.236 0	6.230 2	6.231 7	6.232 8
9	澳元加元	AUDCAD	+0.17	1.033 5	+0.001 8	1.031 7	1.032 2	1.034 3	1.029 9	1.033 4	1.033 8
10	加元日元	CADJPY	-0.15	86.340 0	-0.130 0	86.470 0	86.470 0	87.070 0	86.280 0	86.340 0	86.420 0
11	美元欧元	USDEUF	+0.12	0.756 6	+0.000 9	0.755 7	0.755 6	0.759 5	0.754 4	0.756 6	0.756 5
12	美元英镑	USDGBF	-0.40	0.618 7	-0.002 5	0.621 2	0.621 2	0.622 0	0.618 6	0.618 7	0.618 6
13	美元澳元	USDAUD	+0.02	0.964 1	+0.000 2	0.963 9	0.963 8	0.965 3	0.961 7	0.964 1	0.963 9
14	欧元港元	EURHKC	-0.12	10.245 3	-0.012 5	10.257 8	10.258 5	10.275 5	10.203 9	10.245 3	10.247 2
15	欧元人民币	EURCNY	-0.18	8.237 1	-0.015 0	8.252 1	0.252 7	8.265 8	8.202 7	8.236 4	8.239 1
16	日元美元	JPYUSD	-0.07	0.011 617	0.000 008	0.011 625	0.011 621	0.011 636	0.011 543	0.011 617	0.011 616

3. 计算题

(1)根据下面的银行报价回答问题:

美元/日元 = 153.40/50　　　　　　　英镑/美元 = 1.665 7/77

请问:某进出口公司要以英镑兑换日元,那么该公司要卖出英镑买进日元的汇价是多少?

(2)根据已知的基准货币报价,推导出交叉汇率

某日汇率是 USD1 = CNY6.245 5/6.270 5,USD1 = CHF0.878 0/0.878 4,请问瑞士法郎兑人民币的汇率是多少?

【实训项目报告】

实训项目报告二:外汇汇率

目的要求	
报告内容	一、实验内容 二、实验基本步骤 三、实验数据记录和处理
实验结果与分析	

实训项目三
Chapter 3

外汇交易基础知识

【实训目标与要求】

通过本项目实训,学生应了解外汇市场的发展趋势和中国外汇市场的发展现状,熟悉世界主要的外汇市场及其交易时间,掌握外汇市场的特点、参与者及外汇交易与股票交易的区别。在学习的过程中,要求学生能够对外汇市场有个比较全面的认识和理解,初步掌握与外汇交易相关的基础知识,观察和分析外汇市场交易问题的正确方法,培养辨析和解决实际问题的能力,对我国外汇市场的发展现状及存在的问题有较为深刻的理解,树立正确的外汇交易实训意识。

【实训项目知识准备】

一、外汇市场的含义

外汇市场(Foreign Exchange Market)是指外汇买卖主体进行外汇和以外汇为标的物的金融衍生工具交易的场所或网络。

外汇市场,有时被称作"FOREX"或"FX"市场,是金融市场的重要组成部分。外汇市场作为一个国际性的资本投机市场的历史要比股票、黄金、期货、利息市场短很多,然而,它却以惊人的速度快速扩张。据统计,纽约外汇市场美元的日交易额为2万亿美元左右,约为纽约证券交易所日交易额的80倍。外汇市场的日交易量相当于证券和期货市场日交易量总和的三倍多。外汇市场的发展规模远远超过了股票、期货等其他金融市场,已经成为世界上最大的金融和投机市场。

对于投机者来说,交易中最容易获得盈利的是那些被普遍交易的、流动量最大的货币,我们将这些货币称作"主要货币"。在外汇市场上交易的主要货币包括美元、欧元、英镑、瑞士法郎、日元、澳元、新西兰元、加拿大元等可自由兑换货币,这些货币之间的交易量占到了外汇市场每日交易量总数的85%。

外汇交易是以货币对形式进行交易的,银行的外汇买卖报价采用 A/B 的格式,A 是被报价货币,B 是报价货币。例如"美元/欧元(USD/EUR)"应读为"美元对欧元"或"USD 对 EUR"。

二、外汇市场的特点

在众多的个人投资工具中,外汇交易常常被人们看作"皇冠上的明珠"。近年来,外汇市场受到许多人的青睐,也吸引着越来越多的人参与其中进行交易,使其一跃成为国际投资者的新宠儿,这些都与外汇市场所具有的特点密切相关。

外汇市场的特点主要体现在以下几个方面。

(一)循环作业,24 小时不间断交易

按照地理位置划分,国际外汇市场可以被分为远东及中东、西欧和北美三大金融中心区域。由于世界各地存在时差,这三大全球外汇交易中心在时间和空间上能够相互衔接、重叠,从星期一到星期五进行循环作业,形成一个全天 24 小时不间断交易的全球外汇市场。当然,遇到星期六、星期日以及全球性的重大节日时,外汇市场会停止交易。

以北京时间为准,按照当地夏令时换算,4 时新西兰的惠灵顿市场开市,6 点悉尼市场开市,8 时东京市场和新加坡市场开市,10 时香港市场开市,这些大洋洲和亚洲的外汇市场大都在 15~17 时之间收市。在这些市场相继收市之后,欧洲的各大外汇市场接连开市。法兰克福、苏黎世和巴黎市场于 14 时 30 分开市,伦敦市场于 15 时 30 分开市,纽约市场于 21 时开市,这些主要欧洲外汇市场的收市时间大都集中在 23 时至次日 4 时之间。而这些北美市场的收盘时间恰好与亚洲市场的开盘时间形成重叠,这样,外汇市场日复一日地从周一早上 4 时运行到周六的凌晨 4 时,全球的外汇市场就实现了不分昼夜、24 小时不间断的运行。连续作业的外汇市场,为投资者提供了没有时间和空间障碍的理想投资场所,投资者可以寻找最佳时机进行交易。对外汇投资者而言,可以进行全球交易和投资,随时随地按自己的意愿入市交易。在一些突发事件出现时,投资者可以在第一时间控制投资风险,或适时斩仓止损,或果断追市获得利润,这是其他市场所无法比拟的优势。

(二)成交量十分巨大

多年以来,随着计算机及相关技术的不断发展,在外汇市场中流转的资金稳步增加,外汇市场已经成为全球规模最大的金融产品市场。外汇市场以其成熟性和规范性吸引着全球的各大银行、跨国企业、对冲基金、投资机构和为数众多的个人投资者的广泛参与。根据瑞银(瑞士银行简称)(UBS)的研究报告,在未来十年,外汇市场的规模将扩大一倍以上,日业务量也将升至 10 万亿美元。与外汇市场相比,纽约证券交易所每天股票的交易额只有近百亿美元,东京证券交易所每天股票的交易额也只能达到几百亿美元。国际清算银行(Bank for International Settlements)所做的基准研究表明,2010年全球外汇市场的日转手规模已达到4万亿美元,较2007年的调查结果增长了20%。2011年,中国外汇市场的交易量已经达到14.2万亿美元,日均成交581亿美元,较2006年增长了4倍。从国际贸易角度来看,1990年全球的进出口贸易总额为6.7万亿美元,与当年100万亿美元的外汇成交量相比,真可谓是小巫见大巫了。外汇市场的规模已经远远超过了股票、期货等其他金融产品市场,财富转移的规模逐渐加大,速度也在不断加快。

(三)有市无场,多为场外交易

从总体上来讲,西方国家的金融业有两套运行系统:一是用于集中买卖的中央操作系统;二是没有统一固定场所的行商网络系统。我们所熟知的股票交易是通过中央操作系统进行的,即股票交易是在交易所内完成的,如著名的纽约证券交易所、伦敦证券交易所和东京证券交易所。股票交易所规定了统一的报价、交易时间和交收程序,投资者可通过经纪公司买卖股票,这就是所谓的"有市有场"。

外汇市场则与股票市场、期货市场和商品市场有很大的区别,外汇买卖是通过没有统一固定场所的行商网络系统进行的,而且多为场外交易。除个别国家为特定目的而设置了专门交易场所外,大部分的外汇市场没有固定的交易场所。通过电话、互联网等现代化通信手段,外汇市场将身处世界各地的、互不相识的人们联系在一起,交易双方按照统一的交易规则买卖外汇,从而创造出巨额的成交量。外汇交易的网络是全球性的,外汇市场既没有集中的场所也不受中央清算系统的管制,更没有政府的监督。外汇交易商不具有任何组织的会员资格,但必须要获得同行业的认可和信任。因此,外汇市场被称为"有市无场",它实际上是通过各国的商业银行将世界各地的外汇市场连接起来,形成的一个网络系统。

(四)零和博弈

零和博弈是指在严格的竞争下,对于参与博弈的双方来说,一方的收益必然意味着另一方的损失,博弈双方的收益和损失相加后的总和永远为"零"。零和博弈的结果是一方必定会打败另一方,参与博弈一方的所得正是另一方的所失,整个社会的利益并不会因此而增加或减少。

在外汇市场上,汇率是指两国货币之间的交换比率,汇率的变化表示两国货币价值量的变化,即一种货币价值的减少与另一种货币价值的增加。如在2005年7月,1美元兑换8.276 5元人民币,而在2012年11月,1美元兑换6.288 1元人民币,这只能说明人民币的币值在上升,美元的币值在下降。从价值总量来说,汇价的波动并不会增加或减少价值,因此,我们可以将外汇交易看作"零和博弈",更确切地说,外汇交易过程就是财富的转移过程。

(五)信息公开、透明,政策干预程度低

外汇市场是信息最为公开透明、最符合完全竞争市场理论的金融市场。在外汇市场上,由各国的政府部门或财政监管机构发布各类经济数据和信息,信息发布主体拥有较高的信用等级,因此,信息的可信度比较强。各个国家会在每个月固定时间公布其经济数据,投资者获得信息的渠道也比较公开。因此无论在何时何地,投资者都能借助一定的信息终端获得相同的信息、数据和资料,信息的传递没有任何时滞。外汇市场的主要优势就在于其拥有较高的信息透明度,并且由于每日的交易量非常巨大,所以主力资金对市场汇率的影响十分有限。因此,外汇市场基本不存在所谓的庄家,汇率的波动对每一位投资者而言都是公平的,只要掌握技术、拥有信息,投资者就可以比较准确地判断出汇率的走势并从中获利。

此外,从全球范围来看,外汇市场受到本国政府干预的程度较低。股票、期货、商品市场等都要受到本国政府的控制,如一国拥有对本国股票交易所的完全管辖权,并监督和指导股票交易所的运作。而在外汇市场上交易的是不同国家的货币,我们无法界定哪个国家对全球外汇市场拥有管辖权,它并不是某一国政府能够主导的市场,因此,外汇市场是政府监管的"真空地带"。一国政府只能对在其国内的外汇交易中心进行监管,可干预其本币的汇率,但对于全球外汇市场的运作就无能为力了。

(六)杠杆交易,成本低廉

利用杠杆进行保证金交易是外汇市场相对于其他金融市场的主要优势。在外汇市场上,投资者主要依据汇率进行交易。由于汇率的波动变化很小,所以投资者可以借助杠杆来增加他们潜在的获利机会。外汇交易的杠杆比率通常在1:50~1:400之间。例如,外汇交易商提供的杠杆比率是1:200,如果某投资者账户中拥有2 000美元的交易资金,那么实际上他可以买卖40万美元(2 000美元的200倍)的某种货币,这无疑大大增加了投资者获取可观收益的机会。当然,如果对于汇率的变化方向判断错误,较高的杠杆比率也会加大投资者的损失程度。股票不实行杠杆交易,期货交易虽然实行保证金交易的模式,但是它的杠杆比率要远远小于外汇交易。因此,对于风险偏好较高、喜欢以小搏大的投资者来说,外汇交易无疑是最好的投资工具之一。

此外,外汇市场操作可以进行双向交易,投资者可以先买后卖、进行多头交易,也可以先卖后买、进行空头交易。这样,无论汇率如何变化,投资者都有机会获利。外汇交易不收取佣金或手续费,只设定点差作为交易的成本,相对而言,成本较为低廉。

三、外汇市场的参与者

外汇市场的参与者主要由外汇供给者与外汇需求者组成,他们出于各自的目的进行外汇交易。外汇市场投资者的目的主要有:借助汇率波动获取短期利润、防止弱势货币可能带来的损失、进行商品贸易所需要的外汇兑换和影响汇率的高低等。因目的不同,主要参与者的行为对外汇市场的影响也不尽相同。此外,随着网络交易的快速发展,外汇市场上的参与者也是在不断变化的,大量普通投资者不断涌现。传统的外汇市场参与者结构为客户、外汇银行、外汇经纪商和外汇管理机构,下面我们来逐一分析。

(一)客户

客户(Customer)是指与外汇银行或外汇经纪商进行外汇交易的所有自然人或法人。客户是外汇市场中最重要的参与者,也是外汇的最终供给者和需求者。

根据交易动机的不同,我们可以将客户分为两大类:交易型客户、投资或投机型客户。

(1)交易型客户。

交易型客户是指由于业务或生活需要而进行外汇交易的客户,主要有企业客户和个人客户两种。

交易型企业客户主要有进出口商、国际投资公司、金融公司和跨国公司等。它们积极参与外汇市场交易的原因主要是出于国际贸易的需要,如进出口、存款、借款、利润汇出等。

交易型个人客户主要有出国探亲者、访问者、旅游者、学习考试者、汇款者等。个人客户必须要通过外汇经纪商或外汇银行才可以进行外汇的买卖。

交易型客户的外汇交易活动反映了外汇市场的参与者对于各国货币的实质性供求数量,尽管这部分的交易量占外汇市场交易总量的权重不太大,但它对一国的国民经济却能够产生实质性的影响。

(2)投资或投机型客户。

投资型客户是指出于外汇投资的目的而进行外汇交易的客户,主要有对冲基金、信托基金、养老金和外汇基金等,也包括为数众多的个人投资者。

投机型客户是指通过预测汇率的变化趋势、利用某种货币的汇率差异,进行低买高卖以赚取投机利润的客户。外汇投机者并没有真实的外汇需求,其进行外汇交易纯粹是为了寻找一切可以利用的机会以获取最大的利润。当然,对于许多人而言,"投机"一词具有负面意思,很多投资者都将汇率的大幅波动归咎为投机的结果,有时情况也正是如此。目前,投机性的外汇交易活动占到了外汇市场交易的较大比例,时常会造成汇率的剧烈波动,甚至影响到全球经济的发展。投机型客户往往操纵着巨额资金,会对某国货币发动突然袭击,影响甚至改变该货币的正常运动趋势,从而加剧了外汇市场的动荡。在当今世界,国际游资的规模与日俱增,借助于先进的通信工具,国际游资可以十分迅速地流入或流出某个外汇市场,成为一股势不可挡的投机力量。然而,外汇市场恰恰需要这些投机性的活动,这是因为通过投机型客户频繁地买卖外汇,全球外汇市场的汇率最终趋于一致、更接近外汇供求状况,使外汇市场的流动性大大增强。因此,虽然投机型客户具有某种程度的负面作用,但他们却是外汇市场能够有效运作的重要贡献者和不可或缺的力量。

当然,投资型与投机型客户的划分并不是绝对的,有时二者之间可以相互转换,所以,通常我们会将投资型客户与投机型客户划分为同一类型。

(二)外汇银行

外汇银行(Foreign Exchange Appointed or Authorized Bank)的全称为外汇指定银行,是指由各国中央银行或货币当局指定或授权专营或兼营外汇业务的银行。外汇银行主要有三种类型:专营或兼营外汇业务的本国商业银行;在本国的外国商业银行分行以及本国和外国的合资银行;其他经营外汇买卖业务的本国金融机构,如信托投资公司、财务公司等。

外汇银行是外汇市场的主体和重要参与者,它不仅是外汇供求交易的主要中介,而且也是外汇市场上最大的做市商。外汇银行之间有着良好的资金往来关系,由外汇银行组成的银行同业外汇市场的交易量占据了全部外汇交易量的较大比例,它是外汇交易的批发市场,日成交量能够达到数亿美元以上。从某种意义上说,外汇经纪商可以被看作外汇银行的代理人。

外汇银行主要从事两方面的外汇买卖业务:一方面,外汇银行开展外汇的零售业务,接受客户的申请为其进行外汇的买卖;另一方面,外汇银行在为客户提供外汇买卖的过程中,难免会在营业日内出现一些货币的出售额低于购入额,另一些货币的出售额高于购入额,即外汇的"敞口头寸"("多头"或"空头")。因此,外汇银行会在同业市场上进行外汇头寸的轧差买卖,将多头抛出、空头补进,以平衡外汇头寸、防止汇率风险。银行同业之间的外汇买卖价差一般要低于银行与客户之间的买卖价差。

(三)外汇经纪商

外汇经纪商(Foreign Exchange Broker)是指在外汇市场上为银行之间以及客户之间或银行与客户之间介绍外汇买卖业务、促进买卖双方成交并赚取佣金的中间商。

根据业务模式进行划分,外汇经纪商可被分为两类:传统型经纪商和做市型经纪商。传统型经纪商又被称作跑街经纪人,俗称"掮客",这一类外汇经纪商本身并不参与外汇买卖交易,而是专门代客户买卖外汇、撮合交易双方成交,从而赚取佣金,他们并不承担任何外汇交易的风险。与之相对应,做市型经纪商不仅从事经纪业务,还从事做市业务,他们既通过充当外汇买卖中间商而赚取佣金,又以自有资金参与外汇买卖交易并自负盈亏。

根据服务对象进行划分,外汇经纪商可被分为零售经纪商和机构经纪商两类。零售经纪商专门负责为个体交易者提供零售外汇交易服务。而机构经纪商则主要服务于外汇银行、机构客户等大型机构,有时也为零售做市商提供经纪服务。

外汇市场离不开活跃的外汇经纪商。首先,外汇经纪商并不是交易当事人,他们主要依靠为客户提供最新、最有利的信息而生存,因此外汇经纪商大都拥有比较完备的、庞大的信息网络和先进的通信手段,善于捕捉并利用信息,开发各种获利渠道。在接受客户委托后,外汇经纪商一般总能在极短的时间内帮助客户找到交易对象,并为客户报出最有利的价格。外汇经纪商的存在极大地提高了外汇交易的效率,促进交易迅速、低成本地完成。其次,由于外汇经纪商的数量十分巨大,所以,投资者可以选择服务水平最高、交易价格最合理的外汇经纪商代其进行交易,这就大大增强了外汇市场的竞争力。

(四)外汇管理机构

目前,外汇市场(Foreign Exchange Administration)上最主要的外汇管理机构是各国的中央银行。在外汇市场上,中央银行主要从事三方面的活动:一是作为普通参与者进行外汇买卖交易;二是通过外汇的买卖来干预市场、维持汇率稳定;三是监督和管理外汇市场。

中央银行是外汇市场的特殊参与者,它们不以盈利为目的,其参与外汇交易主要是为了监督和管理外汇市场,以维护市场秩序、汇率的稳定,进而实现本国的金融政策、维持本国经济的平稳持续增长。除了扮演市场监督者和管理者的角色外,中央银行一般会设立专门用于买卖的外汇平准基金,以达到干预外汇市场、实现控制货币供应、稳定汇率和利率的政策目的。中央银行进行外汇市场干预时,其买卖外汇的金额十分庞大、行动非常迅速,对外汇市场的供求会有很大影响。由于合作的不断加强,各国中央银行常常会联合行动、共同干预外汇市场,从而直接影响到多种货币汇率的走向。因此,在进行外汇投资时,投资者可依据各国中央银行的货币政策及其对本国经济的看法来预测央行未来进行外汇市场干预的动向。

四、外汇市场的发展现状及趋势

国际清算银行(Bank for International Settlements)每隔三年就会进行一次全球外汇市场交易活动的调查,这被视为针对全球外汇市场发展现状及未来发展趋势所进行的最全面、最权威的考察。根据2010年12月国际清算银行发布的调查结果,当前全球外汇市场呈现出如下特点。

(一)全球外汇市场日交易量巨大,并呈大幅上升趋势

自1998年以来,全球外汇市场的日交易量均保持在1万亿美元以上。2010年的调查结

果显示,全球外汇交易量延续了2004~2007年的趋势,再次呈现明显的增长态势。2010年4月的全球外汇市场日均交易量为3.98万亿美元,较2007年的3.37万亿美元增加了18%。同时,外汇市场的交易也呈现出国际化的发展趋势。2010年4月的全球外汇市场日均跨境交易占总日均交易量的65%,本地交易仅占35%,而在2007年4月,全球外汇市场的日均跨境交易仅占总日均交易量的63%。将国际清算银行最近五期的调查结果相对比,我们不难发现,外汇市场的跨境交易正呈现缓慢的增长趋势。

（二）外汇即期交易继续扩张,外汇衍生品交易增速有所放缓

全球外汇市场交易主要有外汇即期交易、外汇远期、外汇掉期、货币互换和外汇期权及其他工具的交易。全球外汇市场日均交易量的大幅增加主要是受到外汇即期交易额增长的带动。如表3.1所示,2010年4月,日均即期交易额为1.49万亿美元,约占整个外汇市场交易量的37%,较2007年同期增长48%。

表3.1 全球外汇市场交易额*（按交易工具、主体划分）

（4月份日均交易额） 10亿美元

	1998年	2001年	2004年	2007年	2010年
外汇交易工具	1 527	1 239	1 934	3 324	3 981
即期交易	568	386	631	1 005	1 490
外汇远期	128	130	209	362	475
外汇掉期	734	656	954	1714	1765
货币互换	10	7	21	31	43
期权及其他工具	87	60	119	212	207
外汇交易主体	1 527	1 239	1 934	3 324	3 981
申报交易商	961	719	1 018	1 392	1 548
其他金融机构	299	346	634	1 339	1 900
非金融客户	266	174	276	593	533
1998~2010年交易额（以2010年4月份汇率计算）	1 705	1 505	2 040	3 370	3 981
交易所买卖的衍生品（场内）	11	12	26	80	166

*对本地及跨境交易商间重复计算做了调整

资料来源：国际清算银行《2010年全球外汇市场交易情况调查》

自1998年以来,外汇衍生品的交易量始终高于外汇即期的交易量,并处于稳步上升的通道之中。2010年4月的外汇衍生品的交易量继续扩张,但与2007年4月同期相比增速有所放缓。2010年4月,外汇衍生品工具的日均交易额为2.49万亿美元,与2007年同期相比增长7.4%。其中,2010年4月的日均外汇远期交易额为4 750亿美元,同比增长31.2%；货币互换日均交易额为430亿美元,同比增长38.7%；期权及其他工具交易的日均成交额为2 070亿美

元,同比下降2%;外汇掉期交易的日均成交额同比小幅增长,为1.765万亿美元。最受投资者欢迎的外汇掉期仍然被交易商广泛用于提高各种货币的流动性,2010年4月的外汇掉期日均交易额占到外汇衍生品日均交易额的70.9%。

(三)"其他金融机构"成为最主要的交易主体

国际清算银行的调查报告将外汇交易主体分为"申报交易商""其他金融机构"和"非金融客户"三类。其中,"申报交易商"主要包括一些积极参与本地及全球外汇市场交易的金融机构,如大型商业银行、投资银行和证券公司等,他们既从事自营业务,也从事代理业务;"其他金融机构"则涵盖了小型商业银行、投资银行、证券公司、对冲基金、养老基金、共有基金、保险公司、企业的金融子公司、中央银行等金融机构;"非金融客户"主要是指一些企业和政府客户。

外汇市场交易量的快速增长主要归功于"其他金融机构"交易活动的增加。2010年4月,"其他金融机构"的日均交易量为1.90万亿美元,较2007年同期增长41.9%。"其他金融机构"首次超过了"申报交易商"而一跃成为外汇市场最主要的交易主体。2010年4月,"申报交易商"的日均交易量增长11.2%,达到1.548万亿美元。"申报交易商"的交易量占外汇交易总量的比例不断下降,从1998年的62.9%下降到2010年的38.9%。2010年4月,"非金融客户"的日均交易额占市场总日均交易额的比例为13.4%,达到5 330亿美元,同比减少10.1%。

(四)外汇交易主要集中于欧洲、美洲和亚洲

全球外汇交易的地理分布没有发生显著的变化,主要集中于欧洲、美洲和亚洲。全球四大外汇交易中心的地位十分稳固,分别为英国、美国、日本和新加坡。自1998年以来,这四大外汇交易中心的总日均交易量占全球日均交易量的比例始终稳定在64%左右,2010年4月该比例为66.1%。英国始终占据着日外汇交易额第一的位置,2010年4月,英国日均外汇交易额占总交易额的比例为36.7%(见表3.2),较2007年同期下降2.1个百分点;紧随其后的分别为美国(17.9%)、日本(6.2%)、新加坡(5.3%)、瑞士(5.2%)、香港(4.7%)和澳大利亚(3.8%)。与2007年的数据相比,日均交易额增长最多的是英国(3 704亿美元),其次是美国(1 592亿美元),再次为日本(621亿美元)和香港(566亿美元)。

值得一提的是,中国(不含港澳台)外汇市场的交易额呈现出较快增长的发展趋势。调查结果显示:2004年4月,中国外汇市场的日均交易额为6亿美元;2007年4月,这一数值增加到93亿美元;2010年4月,中国外汇市场的日均交易额已达到198亿美元,占全球交易额的0.4%,较2007年增长1.13倍。

表3.2　全球外汇交易市场交易发生地域分布表(4月份日均交易额)　　10亿美元

国家*(地区)	1998年 交易额	%	2001年 交易额	%	2004年 交易额	%	2007年 交易额	%	2010年 交易额	%
英国	685.2	32.6	541.7	32.0	835.3	32.0	1 483.2	34.6	1 853.6	36.7
美国	383.4	18.3	272.6	16.1	498.6	19.1	745.2	17.4	904.4	17.9
日本	146.3	7.0	152.7	9.0	207.4	8.0	250.2	5.8	312.3	6.2
新加坡	144.9	6.9	103.7	6.1	133.6	5.1	241.8	5.6	266.0	5.3
瑞士	91.6	4.4	76.3	4.5	85.3	3.3	253.6	5.9	262.6	5.2
香港	79.9	3.8	68.4	4.0	106.0	4.1	181.0	4.2	237.6	4.7
澳大利亚	48.3	2.3	54.0	3.2	107.1	4.1	176.3	4.1	192.1	3.8
法国	77.2	3.7	49.6	2.9	66.5	2.6	126.8	3.0	151.6	3.0
丹麦	28.0	1.3	23.8	1.4	42.1	1.6	88.2	2.1	120.5	2.4
德国	99.6	4.7	91.5	5.4	120.4	4.6	101.4	2.4	108.6	2.1
加拿大	37.9	1.8	44.2	2.6	59.3	2.3	64.0	1.5	61.9	1.2
瑞典	16.1	0.8	24.9	1.5	31.9	1.2	43.9	1.0	44.8	0.9
韩国	3.6	0.2	9.8	0.6	20.5	0.8	35.2	0.8	43.8	0.9
俄罗斯	6.9	0.3	9.6	0.6	29.8	1.1	50.2	1.2	41.7	0.8
中国**	0.2	0.0	0.0	0.0	0.6	0.0	9.3	0.2	19.8	0.4
巴西***	5.1	0.2	5.5	0.3	3.8	0.1	5.8	0.1	14.2	0.3
其他国家(地区)	245.2	11.7	163.4	9.8	260.3	10.0	425.0	10.1	420.9	8.2
总计	2 099.4	100.0	1 691.7	100.0	2 608.5	100.0	4 281.1	100.0	5 056.4	100.0

* 表格按照2010年4月交易额排序

** 1998~2004年的数据只包括即期交易

*** 1998年的数据只包括即期交易

资料来源:国际清算银行《2010年全球外汇市场交易情况调查》

(五)主要货币交易额占比变化不大,欧元地位得到稳固

调查结果显示,在2007~2010年间的外汇交易中,各国货币交易额的占比变化不大。2010年4月,最常交易的三种货币(美元、欧元和日元)的占比较2007年同期增长了3.2%,而最常交易的前十位货币的占比仅增加了1.7个百分点。

美元在外汇交易中的地位再次被欧元所动摇。如表3.3所示,在2001年(欧元刚刚推出)的调查结果中,美元占比达到了最高值,为全球外汇交易额的89.9%。随着欧元的广泛使用,美元的占比也缓慢下降。2010年4月,美元占比为84.9%;欧元的占比则增加了2.1个百分点,达到39.1%。此外,日元也受到了欧元的影响,虽然2010年4月日元的占比较2007年同期增长了1.8个百分点,达到19%,但仍低于2001年的最高值。英镑的占比曾经一度达到

(四)定价方式不同

股票市场大都采用公开、集合竞价的方式确定买卖价格,由电脑进行集中撮合来完成交易。因此,在同一时点,同一只股票具有相同的成交价格,股票市场的这种定价方式充分体现了交易的公平性。而外汇市场没有集合竞价和电脑集中撮合的规定,定价过程较为自由。外汇买卖双方完全是在自愿的情况下进行交易的,买家可以自由、公开地询价,卖家也可以公开、自由地报价,因此,外汇市场的定价方式主要体现了买卖双方的自由谈判权利,正所谓"一个愿打、一个愿挨"。

(五)交易方式不同

股票市场交易采用实金交易,如果投资者想要买卖股票,那么他必须在账户中存入100%的保证金。而外汇市场交易采用杠杆交易,也称保证金交易、虚盘交易、按金交易。首先,在与外汇银行或经纪商签约后,投资者可开立信托投资账户,存入一笔自有资金作为保证金。其次,由外汇银行或经纪商设定投资者的信用操作额度。最后,在批准的信用额度内,投资者可以自由买卖同等价值的即期外汇,操作所造成的损益将被自动从信托投资账户中扣除或存入。通常情况下,融资杠杆的比例由外汇银行或经纪商决定,融资杠杆的比例越大,客户需要投入的资金就越少。杠杆交易规则促使小额投资者可以利用少量的资金获得较大的交易额度,在汇率变动中创造盈利机会。

(六)获利手段不同

股票市场的交易是单向交易,即投资者只能进行低买高卖,买涨而不能买跌。在熊市行情时,很多投资者都因无法作为而被迫持仓不动,甚至被套牢。在股票市场中,空头行情的时间要远远多于多头行情的时间,这往往使得投资机会转瞬即逝、难以把握,因此,股票市场并不是一个具有长期投资价值的市场。外汇交易市场与股票交易市场具有很大的不同,无论熊市还是牛市,外汇买方或卖方都有相同的获利机会。这是因为外汇市场交易是双向交易,投资者既可以买涨也可以买跌。无论市场的趋势是向上还是向下、持长仓或短仓,对于外汇投资者而言,他都有获利的潜力。投资者可以在货币汇率上升时买入而获利(做多),也可以在货币汇率下跌时卖出而获利(做空),从而不必受到熊市或牛市的影响。因此,外汇市场为投资者提供了更大的盈利空间和机会。

(七)日成交量相差悬殊

由于参与外汇交易的投资者数量众多,因而外汇市场的日成交量也十分巨大。从全球范围来看,外汇市场的日均交易额已经达到4万亿美元以上。银行、投资基金、跨国公司和众多的中小投资者积极地参与外汇市场交易,这使得每个参与者对汇市价格的影响变得微乎其微。巨大的交易规模保证了外汇市场很难被所谓的庄家操控,交易更具有公平性,技术分析能力的优势更易得到发挥。而股票市场的日成交量较外汇市场则要少得多。

(八)资金流动性程度不同

股票市场实行T+1制度,即投资者在交易当天买进的股票最快只能在下一个工作日卖出。这十分不利于投资者的资金回流,甚至有时会延误获利的机会。而外汇市场实行T+0制度,即投资者可以随时平仓或下单、当天买当天卖,市场对此没有任何限制。外汇市场永远都是流动的,投资者可以对投资信息作出即时反应、弹性规划进场或出场的时间。外汇即时报价系统也有力地保证了所有的市价单、限价单或止损单,最终能够完全成交。因此,与股票交易市场相比,外汇市场的资金流动性程度最高。

(九)交易费用不同

进行股票交易时,投资者需要支付的费用主要有券商交易佣金、手续费、过户费和印花税等,投资者交易得越频繁,需要缴纳的费用就越多。而外汇市场的交易费用相对较为低廉。由于外汇市场实行场外交易,因此投资者主要是通过银行和外汇交易代理商的平台进行买卖交易。高效率的电子化交易系统直接将外汇买方与卖方联系在一起,无形当中为投资者省去了票据、中间人及结算的费用,交易成本被大大降低。当然,外汇交易平台也会收取一定的费用,即我们通常所说的"点差"。

(十)透明度不同

在股票交易市场上,根据资金量的大小,我们可以将投资者分为庄家与散户两大类。因为股票市场的内部信息透明度较差,所以某只股票极容易被掌握内幕消息的庄家操控以获得超额利润,散户则会被套牢。因此,股票市场交易存在明显的信息不对等性。与之相反,由于外汇市场的日成交额非常巨大,且内部信息多来源于各国政府或央行,因而外汇市场不容易受人为操纵,信息的真实性和透明度都非常高,能够保证交易的公正公平。

外汇交易与股票交易的区别见表3.4。

(2)零售外汇交易市场。

零售外汇交易市场是指商业银行柜台交易的外汇市场,主要办理银行与投资者之间的结汇、售汇业务,又称柜台外汇市场。

对我国普通投资者来说,目前合法的外汇投资渠道就是通过商业银行进行外汇投资。目前我国主要的商业银行都获准开展外汇投资业务。它们提供的外汇投资工具有外汇理财产品、外汇实盘交易、外汇期权交易等,过去还提供外汇保证金交易,但已被央行叫停。

(二)中国外汇市场的交易模式

(1)交易时间。

中国外汇市场的交易时间分别为:北京时间 9:30~17:30 进行人民币外汇交易;8:00~23:00 进行外币对交易。交易时间为每周一至周五,国内法定假日不开市。

(2)交易模式。

中国银行间外汇市场实行以做市商报价驱动为主导的交易机制,采用竞价和询价两种交易模式。做市商报价驱动的交易机制是指由做市商报出买/卖价格,各会员与做市商进行交易的一种市场交易机制。因此,市场的买卖价格主要由做市商确定。

竞价交易(Anonymous Transaction)也称匿名交易,是指由做市商将各货币对的买卖价格报给交易系统,交易系统自动从中选择最优的买卖报价并实时发布,同时将最优的做市商报价与会员的交易请求按照"价格优先、时间优先"的原则进行匹配,并将成交信息反馈给交易双方,为买卖双方提供集中清算的一种交易模式。竞价交易模式仅适用于即期交易。

询价交易(Bilateral Transaction)是指由会员选择与其有授信关系的做市商或非做市商会员进行交易,在双方协商达成买卖交易的币种、金额、价格、期限等要素后,由双方自行进行清算的一种交易模式。会员可以同时向几个交易对手方进行询价,但最多不能超过 5 个。询价交易的适用范围较竞价交易更为广泛,可用于即期交易、远期交易和掉期交易。

(三)中国外汇市场的主要参与者

中国外汇市场的交易主体主要有做市商和会员银行两大类。

银行间外汇市场做市商是指经国家外汇管理局核准,在我国银行间外汇市场进行人民币与外币交易时,承担向市场会员持续提供买、卖价格义务的银行间外汇市场会员。银行间外汇市场做市商分为即期做市商、远期掉期做市商和综合做市商。其中,即期做市商是指在银行间即期竞价和询价外汇市场上做市的银行。远期掉期做市商是指在银行间远期、外汇掉期和货币掉期市场做市的银行。综合做市商是指在即期、远期、外汇掉期和货币掉期等各外汇市场开展做市的银行。

会员银行是指在外汇市场中进行点击报价、订单报价和询价交易的银行。如果交易金额不超过 1 000 万美元,那么会员银行只需要采用点击报价和订单报价两种方式就可以完成交易,从而避免了询价的繁琐过程,交易十分方便快捷。如果交易金额在 1 000 万美元以上(大额交易),那么会员银行需要向交易对手进行询价,以确定交易价格。

中国外汇市场实行会员制,会员的基本条件见表3.6,凡经中国人民银行批准、可经营外汇业务及结售汇业务的外汇指定银行及其授权的分支机构,均可申请成为外汇市场的会员。经审核批准后,会员可通过中国外汇交易中心的电子交易系统入市交易。目前,外汇市场会员主要包括符合要求的银行、非银行金融机构和非金融企业等机构。

表3.6 成为中国外汇市场会员的基本条件

人民币外汇市场	即期	银行	外汇业务经营权
			结售汇业务经营许可证明
		非银行金融机构	外汇业务经营权
			结售汇业务经营许可证明
			注册资本金要求
			从事外汇交易的专业人员(2名以上)
			两年内没有重大违反外汇管理法规的行为
		非金融企业	上年度经常项目或货物贸易进出口额规模达到要求
			从事外汇交易的专业人员(2名以上)
			两年内没有重大违反外汇管理法规的行为
	远期		即期市场会员
			金融衍生产品交易业务资格
			非金融企业须经外汇局批准
	掉期		取得远期会员资格6个月后自动获得
外币对市场			经批准可以从事外汇买卖业务的金融机构

(四)中国外汇市场交易的货币对种类

目前,中国外汇市场存在两大板块,即人民币外汇市场和外币对市场。

人民币外汇市场主要进行五种货币对即期交易的买卖业务,分别为美元对人民币(USD/CNY)、日元对人民币(JPY/CNY)、港币对人民币(HKD/CNY)、欧元对人民币(EUR/CNY)和英镑对人民币(GBP/CNY)的即期交易。

外币对市场共推出八种货币对即期交易的买卖业务,包括欧元对美元(EUR/USD)、英镑对美元(GBP/USD)、美元对日元(USD/JPY)、美元对加拿大元(USD/CAD)、美元对瑞士法郎(USD/CHF)、澳大利亚元对美元(AUD/USD)、美元对港币(USD/HKD)和欧元对日元(EUR/

实训项目四

外汇实盘交易

【实训目标与要求】

本项目主要介绍个人外汇实盘交易的流程和具体的交易实务,开立中国工商银行模拟交易账户,指导学生进行模拟外汇交易。通过本章的学习让学生了解当前我国商业银行如何开展外汇交易业务,熟悉开户程序,能够看懂外汇汇率表,在规定时间内下达正确的外汇买卖交易指令。

【实训项目知识准备】

一、外汇实盘交易概述

个人外汇实盘交易,又称外汇宝,是指个人在银行规定的交易时间内,通过柜台、电话银行、网上银行、多媒体自助终端及手机银行等交易渠道,进行不同外汇币种间的外币兑换,并同时完成资金的交割。由于投资者必须持有足额的卖出外币才能进行交易,较国际上流行的外汇保证金交易缺少交易的卖空机制和融资杠杆机制,因此被称为实盘交易。

自从 1993 年 12 月上海工商银行开始代理个人外汇买卖业务以来,随着我国居民个人外汇存款的大幅增长、新交易方式的引进和投资环境的变化,个人外汇买卖业务迅速发展,目前已成为我国除股票以外最大的投资市场。

截至目前,中国银行、中国工商银行、中国交通银行等多家银行都开展了个人外汇买卖业务。未来随着人民币国际化进程加快,资本管制放松,银行关于个人外汇买卖业务的竞争会更加激烈,服务也会更加完善,外汇投资者将享受到更优质的服务。

二、个人外汇实盘交易的流程

1. 选择开户银行。目前我国主要的商业银行都可以进行外汇实盘交易,如中国银行的外汇宝、工商银行的汇市通、招商银行的外汇通等。各个银行具体交易规则略有不同,需要在交易之前在所在地银行进行确认。

2. 签约。一般情况下,银行要求本人携带有效身份证明开设外汇买卖账户,签署《个人实盘外汇买卖交易协议书》。这里以交通银行为例,具体要求如下:客户进行个人外汇买卖前,须凭本人有效身份证,持本行定期一本通存折或太平洋借记卡到本行外汇业务网点办理外汇宝签约手续。客户可向本行申请需要开通的交易渠道,本行受理客户申请后,为客户开通该渠道的自助交易功能。统一客户号多个定期一本通存折账户或太平洋借记卡账户需要开通自助交易功能的,必须分别办理外汇宝签约手续。

3. 进行个人外汇交易买卖。目前个人实盘交易方式分为即时交易和委托交易。委托交易又分为盈利委托、止损委托和双向委托。

【实训项目内容】

一、个人外汇买卖的规则

工商银行个人外汇买卖网上交易操作指南

第一条 电话交易定义

个人外汇买卖电话交易,是指个人客户在中国工商银行规定的交易时间内,使用音频电话机,按照我行个人外汇买卖指南,由客户自己按键操作,通过个人外汇买卖电话交易系统进行的外汇买卖。

第二条 网上交易定义

个人外汇买卖网上交易,是指个人客户在中国工商银行规定的交易时间内,登录Internet网,按照《中国工商银行个人外汇买卖网上交易操作指南》,由客户自己利用计算机操作,通过中国工商银行个人外汇买卖网上交易系统进行的外汇买卖。

第三条 报价

我行根据国际外汇市场即时行情进行报价。因受国际上各种政治、经济因素,以及各种突发事件的影响,汇率经常处于剧烈波动之中,所以客户应充分认识到外汇投资的风险,并愿意承担由此带来的一切责任。

电话交易或网上交易完成后,客户可以利用我行的电话交易系统或网上交易系统通过查询功能,了解是否成交,也可以利用网上交易系统通过交易明细查询功能了解相应的成交情况,同时须在成交后,尽快携带活期一本通存折到我行任意一家外币储蓄所补登电话或网上交易成交记录。

第十六条　休市及交易中断

如我行个人外汇买卖电话及网上交易遇节假日或国际主要金融市场假日休市时,在休市前我行将以柜台公告、电话语音、网上通知的方式将具体休市安排通知客户。因通信线路障碍、我行正在调整交易汇率或发生非人力所能控制的意外时,我行电话及网上交易暂停。

第十七条　交易时间

我行个人外汇买卖电话交易的时间定为:除公告休市的时间外,工作时间为周一早7:00至周六凌晨4:00。

第十八条　本规则的修订

我行若对本规程所列之条款进行必要修改或补充,将以柜台公告方式通知客户。

招商银行个人外汇交易规程

第一条　招商银行个人实盘外汇买卖业务,是指招商银行接受客户通过招商银行电话银行、柜台、自助终端、网上银行等方式提交的委托交易指令,按照招商银行根据国际市场汇率制定的交易汇率进行即期外汇买卖,并通过"一卡通"完成资金交割的业务。

第二条　招商银行根据国际外汇市场即时行情进行报价。因受国际上各种政治、经济因素,以及各种突发事件的影响,汇价经常处于上下波动之中,客户应充分认识外汇投资的风险,并愿意承担由此带来的一切责任。

第三条　办理招商银行个人实盘外汇买卖业务的客户,须到招商银行指定网点申请开立个人外汇买卖功能,填写《招商银行个人实盘外汇买卖功能申请表》,并出示本人"一卡通"和有效身份证明,以上资料经银行确认无误后再与银行签署《招商银行个人实盘外汇买卖协议书》。客户也可通过招商银行网上个人银行专业版进行功能申请。

第四条　个人实盘外汇买卖资金的管理。

(1)招商银行个人实盘外汇买卖业务通过"一卡通"内的外汇买卖专户(简称专户)进行交易资金的管理和清算。

(2)客户开通外汇买卖功能后,须将资金由一卡通活期账户转入外汇买卖专用账户后才可进行交易委托。

(3)专户分为现钞专户和现汇专户,专户的现钞存款按照招商银行公布的现汇价格进行交易,但仍按现钞存款进行管理。

(4)专户活期存款可以直接转为专户定期存款,到期本息自动转存。

(5)专户定期存款可以全部或部分提前支取,提前支取在当次存期内只限一次。

第五条 密码管理。

(1)个人外汇买卖业务使用与"一卡通"相同的查询密码。

(2)办理个人外汇买卖专户资金转账业务,使用与"一卡通"相同的取款密码。

(3)交易委托使用交易密码,交易密码的初始值与取款密码相同,客户可自行修改交易密码,交易密码遗忘可凭取款密码进行重置。

客户在进行查询、委托及资金转账时,必须输入正确的密码。凡因客户自己泄露密码而造成的损失,由客户自行负责。

第六条 招商银行个人外汇买卖的交易币种为美元、港币、欧元、日元、英镑、瑞士法郎、加拿大元、新加坡元、澳大利亚元。

第七条 招商银行个人外汇买卖交易委托的起点金额为100美元或等值外币(如有变动,以当地招商银行公布为准)。

第八条 招商银行个人外汇买卖的交易时间从北京时间星期一早晨8:00至星期六凌晨5点(美国夏令时则为4点),客户预留的委托指令,其有效时间从当日凌晨8点至次日凌晨8点,即每日凌晨8点(周六为5点,美国实行夏令时时为4点),所有未成交的交易委托将被撤销。如有变动,以当地招商银行公布为准。

第九条 招商银行的交易系统提供网上银行、自助终端、电话银行、掌上银行、手机银行(限挂盘委托)、柜台委托(限即时委托和挂盘委托)6种交易方式。

第十条 招商银行的外汇报价均为现汇交易价,共包括36种汇率,其中基准汇率8种,交叉汇率28种。所有报价组合标识在前的货币为报价式中的基础货币、标识在后的货币为报价式中的非基础货币。银行报价中的买入价即为银行买入基础货币卖出非基础货币的汇价,银行的卖出价即为银行卖出基础货币买入非基础货币的汇价。报价中除日元/港币报价的基础货币以100为单位外,其余报价的基础货币均以1为单位。

第十一条 招商银行对大额交易可提供优惠报价,具体报价以招商银行交易系统公布为准。

第十二条 因国际市场汇价波动频繁,当招商银行公布的买卖差价小于国际市场汇率的买卖差价时,招商银行保留调整报价的权利;当国际市场汇率出现异常波动时,招商银行保留暂停交易的权利。

第十三条　委托指令。

招商银行个人实盘外汇买卖交易系统提供6种委托指令。

1. 即时委托:以立即有效的价格完成交易的买卖指令,成交汇率为市场正在进行交易的当前汇率。

实例:如果在客户做买入欧元卖出美元的即时委托时,市场汇价是0.983 5/55,那么即时委托就以0.985 5的价格买入欧元卖出美元。

2. 挂盘委托:当市场汇率达到指定价位时按市场汇率完成交易的买卖指令。挂盘委托的价格通常高于买卖货币当前的市价。

实例:如果客户持有一笔欧元头寸(以0.985 5的价格买入),希望在汇价0.991 5时卖出欧元,客户可以通过招商银行的系统投放挂盘委托,当市场汇价达到0.991 5时(等于或大于0.991 5),客户的委托成交并为客户带来至少60点的利润。

3. 止损委托:当市场汇率达到并跌破指定价位时按市场汇率完成交易的买卖指令。止损委托的价格通常低于买卖货币当前的市价。

实例:如果客户持有一笔欧元头寸(以0.985 5的价格买入),当前汇价0.983 5/0.985 5,为防止欧元贬值可能带来的损失,此时客户可通过招商银行的交易系统投放一个止损委托的交易指令,比如,客户可将止损委托设定成以0.982 5的价格卖出欧元,这样在欧元下跌时,客户最多损失30点。

4. 二选一委托:二选一委托由挂盘委托和止损委托两部分组成,即该委托可以同时预设挂盘价和止损价,俗称天地价。一旦市场汇率达到指定价位(挂盘价或止损价),委托的一半将被执行(挂盘或止损),同时,剩余部分的委托将被取消(止损或挂盘)。

实例:如果客户持有一笔欧元头寸(以0.985 5的价格买入),此时客户希望同时投放一份挂盘委托和一份止损委托,以保护自己的利润并控制欧元下跌的损失,那么客户可通过招商银行的交易系统投放一份二选一委托的交易指令。如果客户的二选一委托挂盘汇率为0.991 5,而二选一委托的止损汇率为0.982 5,一旦市场汇率达到0.991 5,那么系统将为客户以0.991 5卖出欧元,同时止损汇率被撤销;反之,如果欧元跌至0.982 5,则系统将按止损价卖出欧元,同时挂盘汇率被撤销。

5. 追加委托:追加委托是一种假设完成委托,在与其相关联的原委托成交后随即生效并投放市场。其交易方向与原委托的交易方向相反,卖出金额为原委托的买入金额。原委托可以是挂盘委托、止损委托或二选一委托,追加的委托也可以是挂盘委托、止损委托或二选一委托。

实例:当前汇价EUR/USD=0.983 5/55,根据预测,针对欧元的操作策略为在0.984 0~

0.986 0买入欧元,目标位 0.991 5,止损位 0.981 0,客户可以通过招商银行的交易系统投放一个二选一委托买入欧元,挂盘价为 0.984 0,止损价为 0.986 0;同时追加一个二选一委托卖出欧元,挂盘价为 0.991 5,止损价为 0.981 0,以实现利润或及时止损。

6.撤单委托:是撤销委托的指令。对未成交的委托以及未生效的追加委托,客户可以投放撤单委托指令。

第十四条　客户的委托在成交折算时,除日元保留整数位、港币保留一位小数外,其余币种均保留两位小数。

第十五条　所有客户的委托是否成交,以及成交的时间、币种、汇率、金额等均以招商银行计算机中记载的记录为准。

第十六条　凡遇上我国法定节假日和国际上主要金融市场假日,招商银行个人外汇买卖系统休市;因遭受通信线路故障或其他不可抗力因素,招商银行有权暂停交易,且无需承担任何责任。

第十七条　招商银行柜台目前只提供美元、港币等部分交易货币(具体以当地招商银行公布为准)的现钞服务,客户提取其他币种的现钞时必须先兑换成招商银行提供现钞服务的币种后方可提现。

第十八条　客户在取消"一卡通"的外汇买卖功能时,必须先撤销所有未成交委托,再依次关闭所有外汇买卖专户,关户时银行自动结清专户利息并按原币种代扣利息所得税,并将扣税后的本息之和转回一卡通活期账户。如果在关户时发生货币兑换,兑换汇率以银行当时报价为准。

第十九条　客户在进行个人外汇买卖委托时,须熟知本交易规程,并严格按其操作,若因输入或操作失误而造成损失应由客户自行承担。

第二十条　招商银行对本规程拥有最终解释权。当招商银行对本规程之条款进行必要修改或补充时,一经公布立即生效。

交通银行个人外汇交易规程

第一条　个人外汇买卖自助交易是指个人客户在本行规定的交易时间内,通过本行电话银行、网上银行、多媒体自助终端,由客户自行操作,进行不同币种间的外币兑换。

第二条　个人外汇买卖自助交易方式为即时交易和挂盘交易。挂盘交易分为盈利挂盘、止损挂盘、双向挂盘和组合挂盘。

第三条　个人外汇买卖自助方式即时交易时间为 24 小时,每周一上午 6:00 开盘至每周六凌晨4:00收盘。申请盈利挂盘、止损挂盘、双向挂盘和组合挂盘的有效时间为每天凌晨4:00

至次日凌晨4:00,客户指定的交易指令只在此时段有效,已成交的交易指令不得撤销,逾时未成交的交易指令自动撤销(以上时间均为北京时间,并以本行交易系统时间为准。在我国法定节假日和国际主要金融市场休市期间,上述交易时间将作调整,届时以本行的公告为准)。

第四条 客户进行个人外汇买卖自助交易前,须凭本人有效身份证件,持本行定期一本通存折或太平洋借记卡到本行外汇业务网点办理外汇宝签约手续。客户可向本行申请需要开通的交易渠道,本行受理客户申请后,为客户开通该渠道的自助交易功能。同一客户号下多个定期一本通存折账户或太平洋借记卡账户需要开通自助交易功能的须分别办理外汇宝签约手续。

第五条 客户的查询密码为个人外汇买卖的自助交易密码,同一客户号下所有账户均使用同一个查询密码。查询密码可由客户通过本行营业网点或个人外汇买卖自助交易渠道进行修改,修改一个账户的查询密码,同一客户号下其他账户的查询密码同时被修改。凡掌握密码而实现的交易,均视作客户本人所为。

第六条 客户进行个人外汇买卖自助交易前,必须熟知各类设备的操作方法。若因个人操作失误而造成的损失,由客户自行承担。

第七条 个人外汇买卖自助交易起点金额为50美元或其他等值外币。

第八条 客户定期一本通存折或太平洋借记卡中的外币定期存款进行交易时,若指定的卖出金额为存折(卡)中某一笔存款的余额,实际的卖出金额为该笔存款的本息之和;若指定的卖出金额小于存折(卡)中某一笔存款的余额,实际的卖出金额为部分提取的金额及其活期利息之和,未交易的剩余部分存款仍按原期计息;若指定的交易金额大于某一笔存款的余额,则视作无效指令。

第九条 客户每笔自助交易买入的外币,本行将按一个月定期存款自动存入客户的定期一本通存折账户或太平洋借记卡储蓄账户中,利率为成交日本行公布的该币种的一个月定期存款利率。如客户需要转存其他期限的定期存款,可使用自助交易渠道中的转期功能或至本行外汇业务网点办理。

第十条 本行根据客户输入交易金额的大小给予不同的优惠,目前按单笔交易金额分成1万美元以下、1万(含)至五万美元、5万(含)至10万美元、10万(含)美元以上四个档位。

第十一条 客户对一笔存款申请全额挂盘后,除撤销挂盘或挂盘交易已成交外,不得进行即时交易、挂盘申请或合并转期交易。

第十二条 客户对一笔存款申请部分金额挂盘后,只能在剩余金额范围内再进行即时交易或挂盘申请。除非客户撤销挂盘或挂盘交易已成交,否则不得进行合并转期交易。

第十三条　客户对一笔存款进行部分金额即时交易和部分金额挂盘申请时,其剩余金额须大于等于外币定期存款的最低开户金额,否则该笔交易视为无效。

第十四条　客户申请部分金额挂盘成功后,当本行即时报价超过客户指定的挂盘价格并为客户成交挂盘申请时,若该笔存款剩余金额按即时报价折算小于外币定期存款的最低开户金额,本行系统将自动撤销该笔挂盘申请。

第十五条　客户可对已申请的挂盘价格进行修改,修改后原挂盘申请视为撤销并生成一笔新的挂盘申请。

第十六条　客户可查询当天的挂盘记录,挂盘交易记录在挂盘申请有效时间结束后清除。

第十七条　客户完成自助交易后,须携带定期一本通存折或太平洋借记卡到本行外汇业务网点补登账户变动记录或打印太平洋借记卡储蓄对账单,并可要求提供交易证实书。

第十八条　定期一本通存折限定存折的打印行数,当存折打印行数达到或超过96行时,客户须到本行营业网点办理换折。换折前客户须撤销定期一本通存折上尚未成交的挂盘申请。

第十九条　在同一客户号下,外币定期储蓄存款的笔数顺序号与其他所有存款顺序号按发生时间排序,顺序号达到"99999"后,本行将自动剔除已销户的存款记录,有效的存款记录则重新排列顺序号。

第二十条　客户完成自助交易后,可通过电话银行、网上银行、多媒体自助终端或到本行外汇业务网点查询成交明细和外币定期账户明细。

第二十一条　由客户操作的自助交易是否成交,及成交的币种、金额、汇率等均以本行交易系统自动记载的记录为准。

上海浦东发展银行个人外汇买卖业务交易规则

(一)外汇买卖指客户通过银行营业机构及其他渠道(包括但不限于柜台、网上银行、电话银行、多媒体自助机等),按照银行提供的外汇实时交易牌价进行外汇买卖的业务。

(二)客户若通过银行网上银行办理个人外汇买卖交易,还应遵守《上海浦东发展银行个人网上银行章程》及其他相关业务操作规则和程序。

(三)银行根据国际外汇市场即时行情为客户提供外汇实时交易牌价。客户应充分认识外汇买卖具有风险,即除可获利外,亦可能蒙受损失。客户应确认其所下达的所有买卖指令系根据自身判断作出,由此产生的一切风险均由客户自身承担。

(四)个人外汇买卖交易委托的起点金额为30美元或等值外币。如有变动,以银行公告为准。

（五）个人外汇买卖的交易时间为每周一上午 8:00 到次日凌晨 4:00，周二至周五上午 6:00 到次日凌晨 4:00。其中在银行进行主机换日操作期间，不接受交易请求。

（六）银行外汇买卖交易系统提供的交易方式包括即时价交易和委托交易两种方式，即时价交易指甲方按乙方即时报价进行交易。委托交易包括盈利委托和止损委托。盈利委托指在委托有效期限内一旦乙方报价达到或优于甲方指定的交易汇率，即予以成交，成交汇率为客户委托价格。止损委托指在委托有效期限内一旦乙方报价达到或劣于甲方指定的交易汇率，即予以成交，成交汇率为客户委托价格或者成交时我行的即时报价。委托交易中最大委托有效期为 30 天。在委托有效期限内报价未达到客户委托价格的，委托交易将自动失效。组合委托指一次对同一笔资金既做盈利委托，又做止损委托，当报价达到或超过其中任一价格时，即成交。当其中一个委托成交时，另外一个委托立即失效。

（七）银行所有报价将根据市场变化而随时发生变更，客户通过银行各渠道进行的外汇买卖交易，最后的成交价格以银行计算机系统记录为准。

（八）客户所有的外汇交易正常情况下当日入账。客户应在发出外汇买卖交易指令后通过银行系统确认交易是否成功，如有疑问，须在五天内通知银行进行查实。如客户未按上述规定通知银行，则视为客户已确认处理，并由客户自行承担由此产生的一切不利后果。

二、银行外汇实盘交易

以中国工商银行外汇模拟系统为例。

（一）中国工商银行电话交易流程

1. 中国工商银行电话即时交易（图 4.1）

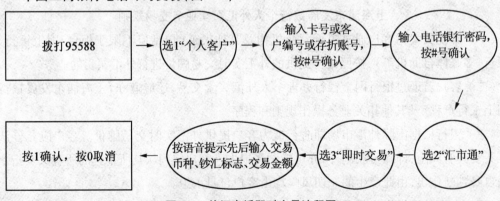

图 4.1　外汇电话即时交易流程图

2. 中国工商银行电话委托交易(图4.2)

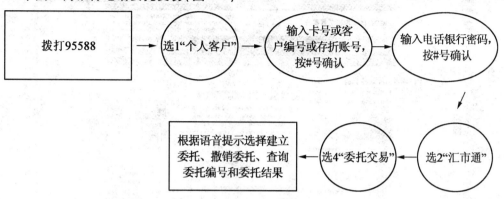

图4.2 外汇电话委托交易流程图

(二)中国工商银行网上外汇交易流程(图4.3)

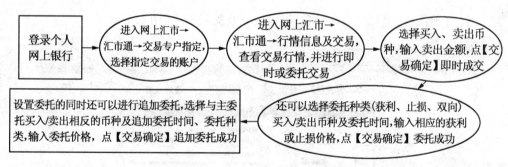

图4.3 网上外汇交易流程图

(三)中国工商银行网上外汇交易操作实例

第一步,登录中国工商银行网站 www.icbc.com.cn,点击"外汇"一栏,左侧模拟炒汇,点击进入(图4.4)。

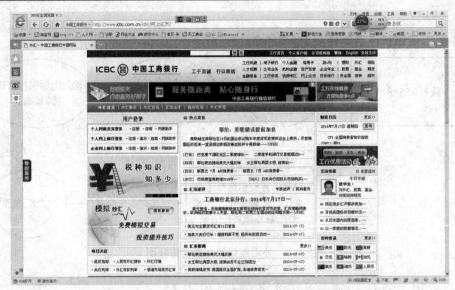

图4.4 中国工商银行网站

第二步,注册账号,填写个人账号名,设定密码及关联邮箱(图4.5、4.6)。

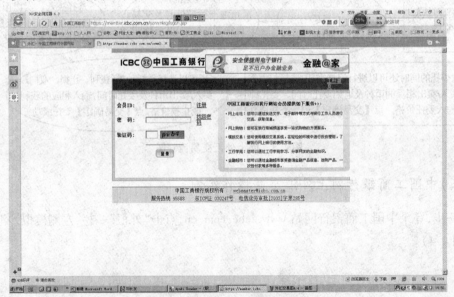

图4.5 中国工商银行注册界面

实训项目四 外汇实盘交易

图4.6 中国工商银行注册信息填写

第三步,登录模拟交易账户,点击网上汇市,开通模拟交易账户(图4.7)。

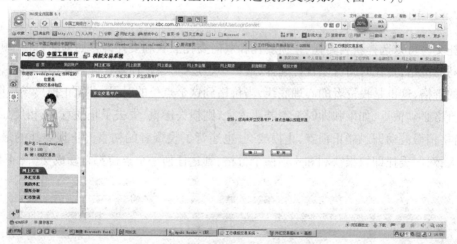

图4.7 中国工商银行用户登录界面

三、交易指令的使用

目前,工商银行外汇交易平台可以提供的外汇交易包括即时买卖、获利委托、止损委托、双向委托及追加委托多种交易方式,等值100美元起交易,交易金额不足等值100美元则交易失败,本金一律按美元计。

63

(一)即时交易

即时交易可以按照右侧的行情报价区的即时汇率进行外汇的买卖交易,工商银行的外汇交易点差为 30 点(图 4.8)。

图 4.8 中国工商银行外汇即期交易

(二)委托交易

委托交易可以选择获利委托、止损委托和双向委托。获利委托即参照即时行情,填报一个更加有利的价格,委托时间可以自行选择,最长不超过 5 天;止损委托即参照即时行情,填报一个亏损的价格,这也是投资者的心理底线,当价格到这个点位的时候,必须止损离场。因此,设立止损价格必须慎重,如果和即时汇率差距太大,则损失惨重,失去了止损意义;相反如果差距太小,价格稍微波动即触碰止损点,止损成交,也违背了投资者的初衷。止损委托的最长时间也是 5 天;双向委托即填报获利和止损两个价格,到达任何一个点位都自动成交(图 4.9)。

图 4.9 中国工商银行委托交易

（三）交易查询

交易的查询可以分为当日成交明细查询、历史成交明细查询、当日委托明细查询、历史委托明细查询、持币查询。如图 4.10 所示为当日成交明细查询的界面。

图 4.10　中国工商银行外汇交易查询

【实训项目小结】

本章围绕个人外汇交易实盘业务展开，阐述了个人外汇交易的步骤和方法，介绍了当前我国商业银行个人外汇交易的规则和要求，并以中国工商银行外汇模拟交易平台为例，指导学生进行个人外汇实盘的模拟交易，锻炼学生动手操作能力。

【实训项目任务】

(1)掌握个人外汇买卖流程。
(2)注册工商银行外汇交易模拟账户。
(3)登录账户，进行买卖指令操作。
(4)根据交易行情的变化，选择买入或卖出相应外币。

【实训项目报告】

实训项目报告四:外汇实盘交易

目的要求	
报告内容	一、实验内容 二、实验基本步骤 三、实验数据记录和处理
实验结果与分析	

实训项目五
Chapter 5

外汇保证金交易

【实训目标与要求】

本项目主要介绍个人外汇保证金交易的规则,具体的交易实务,下载MT4交易平台,指导学生进行模拟外汇交易。通过本章的学习让学生了解外汇保证金交易和外汇实盘交易的不同,熟悉保证金交易的方式,能够下载并使用常用的外汇保证金交易软件。

【实训项目知识准备】

一、外汇保证金交易概述

外汇保证金交易又称虚盘交易,指投资者和专业从事外汇买卖的金融公司(银行、交易商或经纪商)签订委托买卖外汇的合同,缴付一定比率(一般不超过10%)的交易保证金,便可按一定融资倍数买卖十万、几十万甚至上百万美元的外汇。因此,这种合约形式的买卖只是对某种外汇的某个价格做出书面或口头的承诺,然后等待价格出现上升或下跌时,再做买卖的结算,从变化的价差中获取利润,当然也承担了亏损的风险。

外汇投资以合约形式出现,主要的优点在于节省投资金额。以合约形式买卖外汇,投资额一般不高于合约金额的5%,而得到的利润或付出的亏损却是按整个合约的金额计算的。外汇合约的金额是根据外币的种类来确定的,具体来说,每一个合约的金额分别是12,500,000日元、62,500英镑、125,000欧元、125,000瑞士法郎,每张合约的价值约为10万美元。每种货币的每个合约的金额是不能根据投资者的要求改变的。投资者可以根据自己订金或保证金的多少,买卖几个或几十个合约。一般情况下,投资者利用1 000美元的保证金就可以买卖一个合约,当外币上升或下降时,投资者的盈利与亏损是按合约的金额即10万美元来计算的。

二、我国个人外汇保证金交易发展状况

在 1992～1993 年期货市场盲目发展的过程中,多家香港外汇经纪商未经批准即到大陆开展外汇期货交易业务,并吸引了大量国内企业和个人的参与。由于国内绝大多数参与者并不了解外汇市场和外汇交易,盲目的参与导致了大面积和大量的亏损,其中包括大量国有企业。

1994 年 8 月,中国证监会等四部委联合发文,全面取缔外汇期货交易(保证金)。此后,管理部门对境内外汇保证金交易一直持否定和严厉打击态度。

1993 年底,中国人民银行开始允许国内银行开展面向个人的实盘外汇买卖业务。至 1999 年,随着股票市场的规范,买卖股票的盈利空间大幅缩小,部分投资者开始进入外汇市场,国内外汇实盘买卖逐渐成为一种新兴的投资方式,并进入快速发展阶段。

与国内股票市场相比,外汇市场要规范和成熟得多,外汇市场每天的交易量大约是国内股票市场交易量的 1 000 倍,所以尽管在交易规则上不完全符合国际惯例,国内银行开办的个人实盘外汇买卖业务还是吸引了越来越多的参与者。

总体来看,国内绝大多数的外汇投资者参与的是国内银行的实盘交易,而国际主流的外汇保证金交易,由于我国国内尚未开放,以及国家的外汇管制政策,国内投资者大规模投资尚需待以时日。但是,我国也开始了个人外汇保证金交易的试点,2006 年是中国承诺逐步开放国内金融市场的一年。在这一年中,中国政府不仅批准各大银行展开金融衍生品业务,同时 2006 年 8 月批准了交通银行开展即期外汇保证金业务,也就是现货外汇保证金业务;而在 2007～2008 年,中国银行、工商银行和民生银行也被相继批准展开外汇保证金业务;此外,在 2005 年批准英国老牌外汇经纪商 CMC 集团进入国内成立代表处的基础上,中国政府又批准了丹麦著名外汇经纪商盛宝银行进入国内提供服务。

【实训项目内容】

一、外汇保证金交易的规则

目前,国内商业银行没有大规模开放外汇保证金交易,如通过境外银行进行外汇保证金交易,开户程序通常是:

第一步,在境外金融交易所开户。

(1)提交护照或驾驶执照或身份证的复印件;

(2)填写"外汇交易合同书";

(3)将开户款汇入指定银行的本人账户;

(4)交易所收到开户款后,电话通知客户开仓操作。

第二步,在境外金融交易所开户并通过互联网进行交易。

(1)提交护照或驾驶执照或身份证的复印件;

(2)填写"外汇交易合同书";

(3)将开户款汇入指定银行的本人账户;

(4)交易所收到开户款后,通过电子邮件通知客户开仓操作。

(按中国现行的外汇管理政策:如在境外开户,交易保证金从中国境内汇出将受到限制。)

保证金交易虽然有着种种的优点,也应看到在巨大获利机会的同时,也存在着潜在的巨大风险。从事保证金交易,首先要有较强的抗风险能力,否则不宜介入。建议开始时先做三个月的模拟交易,逐步积累经验,摸索方法,有一定经验后再投入最小的初始资金,在实盘的情况下考察自己的盈利能力和盈利的稳定性。经纪商的服务水准和诚信度参差不齐,在开户前应仔细考察,避免上当受骗。此外,国内对于在境外从事金融投资的规定不甚明朗,投资者需要慎重对待。

二、MT4 交易平台简介

MT4 交易平台全称 MetalTrader4 客户终端,由 MetaQuotes 软件公司研发,MT4 交易平台功能强大,页面简洁,操作方便,最主要的建仓、平仓功能简单易用,投资者可以通过设置止盈止损来进行控制风险,MT4 交易平台除了提供实时行情和交易功能外,还包括 18 种画线工具、9 个交易时段图表选项、30 余种国际流行技术指标和声音预警提示。用户可进行下单、平仓、限价单、止损、止盈、查看实时新闻、公告、预警、查看报表,以及数据分析和处理等操作。可谓集所有功能于一身,而且 MT4 交易平台占用计算机资源少,运行速度快,还可下载历史数据和图表,广受国际投资公司和投资者的青睐,截至 2012 年底已有超过 70% 的经纪公司和来自全世界 30 多个国家的银行选择了 MT4 交易软件作为网络交易平台。全球超过 90% 的零售交易量是通过 MT4 平台成交的。

MT4 平台的优势:

1. 涵盖主要的交易品种

可同时交易全球 8 大货币中最热门的 16 种货币对以及备受广大投资者欢迎的现货伦敦金/银。

2. 实时风险管理功能

MT4 平台提供了多种挂单设置,无论现价交易还是预设新单交易,都能同时设置止损价位和盈利价位,全面的仓位风险管理功能帮助投资者及时锁定利润,并确保100%止损。

3. 强大的图表绘制以及分析功能

MT4平台为广大投资者提供30余种图表画线工具及技术指标、多种看图模板,协助投资者作出更为准确的预测和判断。

4. 支持多语言平台页面

MT4交易平台提供中文简体、繁体和英文等30种语言,为全球华人投资者提供外汇金融投资服务。

5. 界面直观

所有交易订单都能直接显示于图表,使交易情况、盈亏状况一目了然。

三、MT4平台的安装

MT4安装包的地址:www.metaquotes.net/files/mt4setup.exe。MT4安装包下载到计算机以后,单击安装包的图标,电脑开始自动安装MT4软件。安装过程如图5.1(a)~5.1(c)所示。

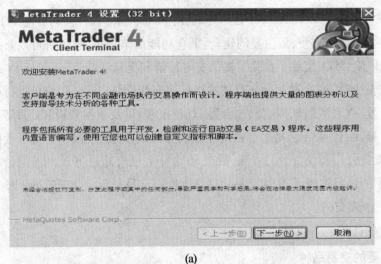

(a)

实训项目五 外汇保证金交易

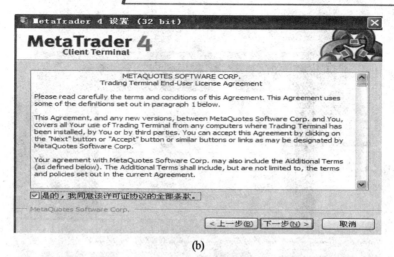

图 5.1 MT4 平台安装过程

四、申请模拟账户

软件安装完毕以后，会自动运行，并且要求输入账号和密码。如果是第一次运行，需要申请免费模拟账户。如图 5.2 所示，按照提示填写账户信息，红色为必填项。交易倍数、存款额可以自选。最后点击"我同意订阅你们的新闻简报"即可进行下一步。

图5.2　申请免费模拟账户

然后,选择所需的服务器,如图5.3所示。

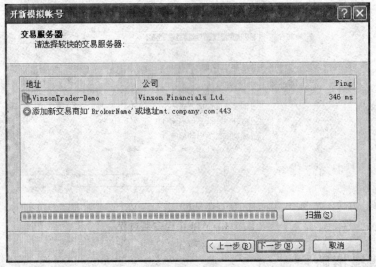

图5.3　选择所需服务器

再点击下一步即可生成账户和密码,如图5.4所示。

最后,输入系统随机分配的账号、密码即可登录进行交易,如图5.5所示。

实训项目五 外汇保证金交易

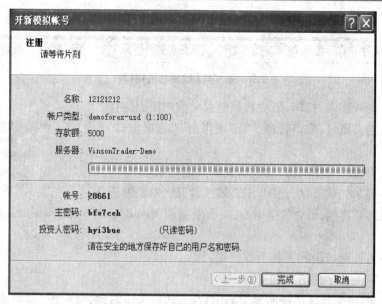

图 5.4 生成账户和密码

图 5.5 登录交易系统

五、MT4 交易指令的使用

MT4 的软件功能主要包括文件、显示、插入、图表、工具、窗口、帮助等七个方面,如图 5.6

所示。

　　　文件(F)　显示(V)　插入(I)　图表(C)　工具(T)　窗口(W)　帮助(H)

图5.6　MT4软件功能窗口

（1）文件：管理图表，打印，历史数据储存和数据图表储存。

（2）查看：工具属性，窗口管理（"市场报价""数据窗口""导航""终端""测试"）和程序语言界面。

（3）插入：管理终端指示器，曲线研究和其他对象。

（4）图表：显示柱状属性，比例，图表属性，网格，对象管理。

（5）工具：客户终端，历史数据中心，综合变量和 MetaEditor（MetaQuotes Language 4 editor）属性。

（6）窗口：打开窗口的列表和当前位置。

（7）帮助：有关程序的信息和指南。

　　进行交易前，在交易区选择所要交易的货币，然后点击右键，会出现"新订单"即可进行交易。交易分为市价交易（图5.7）和挂单交易（图5.8）。其中挂单交易又分为止损挂单和止盈挂单。

图5.7　市价交易

实训项目五　外汇保证金交易

图 5.8　挂单交易

【实训项目小结】

本章着重介绍了外汇保证金交易,阐述了个人外汇保证金交易的规则,介绍了外汇保证金交易最常用的交易平台——MT4 软件的安装和使用,并指导学生进行个人外汇保证金的模拟操作,通过买卖操作让学生理解外汇实盘交易和保证金交易的异同。

【实训项目任务】

(1)掌握外汇保证金交易。

(2)注册 MT4 外汇交易模拟账户。

(3)登录账户,进行买卖指令操作。

(4)根据交易行情的变化,选择买入或卖出相应外币。

【实训项目报告】

实训项目报告五：外汇保证金交易

目的要求	
报告内容	一、实验内容 二、实验基本步骤 三、实验数据记录和处理
实验结果与分析	

实训项目六
Chapter 6

外汇交易基本因素分析

【实训目标与要求】

通过本项目实训,学生应掌握预测汇率走势的基本分析方法,从实证的角度理解各种因素对汇率的影响,并做出合理判断,进而进行相应的交易。在学习的过程中,要求学生能够对影响外汇交易的基本因素有比较全面的认识和理解,初步掌握与外汇交易相关的主要基本因素;通过对比不同国家的基本面情况,判断各种货币汇率的走势变化;掌握观察和分析外汇市场交易问题的正确方法,培养辨析和解决实际问题的能力,学习用基本因素分析汇率的变动趋势,能够把握住信息的价值及其对汇率变化的作用;树立正确的外汇交易实训意识,提高在外汇交易操作方面的动手能力和知识素养。

【实训项目知识准备】

从本质上来说,汇率的波动受到货币供求规律的影响,并以外汇所属国的经济实力作为后盾。如果一国的经济增长非常迅速,经济实力较为雄厚,那么该国货币的购买力就较强,货币存在升值的潜力,反之亦然。随着市场供求的变化,外汇价格的波动能给予投资者无限的投资机会。但由于市场瞬息万变,投资者如要在外汇买卖中获利,关键是其能否掌握快捷、准确的资讯。因此,投资者要对影响外汇市场的基本因素有一定的认识。只有准确地分析、把握各国经济发展的状况和前景,投资者才有可能预测到外汇市场汇率的波动趋势。从表面上看,影响外汇市场汇率波动的原因似乎相当复杂,但归纳起来,不外乎以下五大因素:经济因素(数据)、心理因素、央行干预、新闻因素和政治因素。

一、经济因素

每当有重要经济数据公布时,外汇市场都会出现某种货币价格波动的情况。影响外汇汇率波动的基本经济因素(数据)主要包括:①国内生产总值(GDP);②利率;③通货膨胀率,包括生产者物价指数(PPI)、消费者物价指数(CPI)、零售物价指数(RPI);④生产指标,包括失业率、耐用品订单等;⑤贸易指标,包括国际贸易平衡数与外汇储备状况等。

各个国家会定期、定时公布本国的相关经济数据。投资者或者可以于每年年底查询到哪些国家将于未来一年的何月何日何时公布哪一项经济数据,或者可以提前一个星期查询到各个国家将要公布的有关经济数据。在各国公布数据前,经济学家、专业分析师也会根据自己掌握的情况对将要公布的数据进行预测;在数据公布后,他们还会对各国的经济发展水平做出科学判断。无论是预测值还是实际值,这些经济数据都会给外汇市场带来极大的冲击,同时也为投资者提供了极好的获利机会。

(一)国内生产总值

国内生产总值(Gross Domestic Product,GDP)是指在一定时期内(通常为一个季度或一年),一个国家或地区所生产出的全部最终产品和劳务的价值。GDP被世界各国公认为是衡量一个国家经济状况的最佳指标,它不仅可以反映出一国的总体经济表现,还可以反映出一国的综合国力与财富水平,揭示推动经济增长的各个因素。一般来说,国内生产总值由四部分组成,分别为消费、私人投资、政府支出和净出口额。用公式表示为:

$$GDP = C + I + C + X$$

式中:第一个C为消费;I为私人投资;第二个C为政府支出;X为净出口额。

投资者可以依据GDP数字的变化来判断一个国家或地区的经济是处于增长阶段还是衰退阶段。通常情况下,各国或地区公布GDP的形式主要有总额或百分比两种形式。GDP的增长数字为正数时,显示该国家或地区的经济处于扩张阶段;反之,如果GDP的增长数字为负数,则表示该国家或地区的经济进入了衰退阶段。

如果一国的GDP大幅上升,那么表明该国经济发展蓬勃、稳步增长,国民收入增加、消费能力增强,该国政府将有可能提高利率,紧缩货币供应。海外投资者便会逐步将资金移入该国以获得较高的投资回报,国际投资的增加促使该国货币的需求量大大增加,该国货币因而升值。反之,如果一国的GDP数据低于预期甚至出现负增长,那么显示该国经济正处于衰退阶段,国民消费能力降低,政府在这种情况下可能会降低利率,以刺激经济增长。利率下降加之经济表现不佳,该国货币的吸引力下降,其国内的资金便会逐渐外流,国际投资的减少导致该国货币的需求量减少,可能引发该国货币贬值。因此,从国内生产总值这一指标来看,高经济增长率将会推动一国货币汇率的上升,而低经济增长率则会造成该国货币汇率的下跌。

(二)利率(Interest Rate)

利率是指一定时期内的利息总额与借贷资本总额之间的比率。我们通常将利率视为资本的价格,由资金的供求状况决定利率的上升或下降。目前,几乎所有的国家均将利率作为本国宏观经济调控的一项重要工具,因此,利率是影响外汇汇率波动的一个最重要的因素。

人们之所以持有外汇是因为外汇是一项金融资产,它可以为持有者带来相应的资产收益。投资者在抉择持有哪国货币时,首先要考虑的因素就是哪种货币可以为其带来最大的收益,而收益的大小恰恰就是由金融市场的利率水平高低所决定的。例如,假设1年期人民币定期存款利率为4%,1年期美元定期存款利率为3%,那么投资者便会抛售美元、购进人民币,最终表现为外汇市场对人民币的需求增加,人民币预期将对美元升值。因此,投资者在决定购买货币之前,往往会首先考虑哪种货币的利率相对较高。

当一国紧缩信贷、利率水平上升时,持有该国货币的投资者的利息收益将会增加,因此,更多的投资者会买入该货币,导致该国货币的需求增加;利率水平的上升同时会引发短期资本流入该国,导致该国的资本流出减少,使国际收支中的资本账户得到改善,该国货币升值。反之,当一国松动信贷、利率水平下降时,持有该国货币的投资者的利息收益减少,该国货币的吸引力大大下降,导致市场投资者对该国货币的需求下降;利率水平的下降同时会引发短期资本流出,导致该国的资本流入减少,使国际收支中的资本账户收支恶化,该国货币贬值。因此,利率因素对汇率的影响可以概括为"利率升,货币强;利率跌,货币弱"。

(三)通货膨胀率(Inflation Rate)

通货膨胀是指一国物价水平的普遍、持续上涨状况,当一国的大多数商品与劳务的价格连续在一段时间内普遍上涨时,就称该国经济出现了通货膨胀。通货膨胀率是指超发的货币量与实际需求的货币量之间的比值,用以反映物价平均水平的上升或下降幅度。公式为

$$通货膨胀率 = (现期物价水平 - 基期物价水平)/基期物价水平$$

自20世纪70年代以来,伴随浮动汇率制度取代了固定汇率制度,通货膨胀对汇率变动的影响也变得越来越重要,它主要通过国际贸易和一国的利率政策来影响该国的汇率水平。衡量一国通货膨胀水平变化的指标主要有生产者物价指数(PPI)、消费者物价指数(CPI)和零售物价指数(RPI),其中消费者物价指数是最重要的一项指标。

1. 生产者物价指数

生产者物价指数(Producer Price Index,PPI),也称为工业品出厂价格指数,是一个衡量工

业企业的产品出厂价格变动趋势与变动幅度的指数。它主要反映商品的生产成本,即生产资料的价格变化状况,用于衡量各种商品在不同生产阶段的价格变化情况。

通常情况下,商品的生产过程可分为三个阶段:一是原始阶段,即商品未做任何加工的阶段;二是中间阶段,即商品尚需进一步加工的阶段;三是完成阶段,即商品至此不再需要任何加工的阶段。从理论上讲,生产过程中所面临的价格波动将反映到最终产品的价格上,企业会以提高消费价格的形式将其增加的生产成本和费用转嫁给最终的消费者,因此,PPI指数逐渐被市场所重视,也经常被用于预测消费者物价指数的变动。

PPI物价指数会对汇率产生间接影响,二者关系十分微妙。当PPI物价指数较预期上升时,生产原料及半制成品价格的上升会最终表现为消费产品的价格上升,社会整体物价水平也会随之上升,一国存在通货膨胀的可能或导致通货膨胀加剧,因此央行可能会实行紧缩的货币政策,该国货币的汇率可能会上升;当PPI物价指数较预期下降时,生产资料价格的下降会促使社会整体价格水平的下降,该国通货膨胀的压力大大降低,因此央行可能会实行扩张的货币政策,该国货币的汇率可能会下降。在外汇交易市场上,交易员都十分关注PPI物价指数指标。

2. 消费者物价指数

消费者物价指数(Consumer Price Index,CPI)是对一个固定的消费品篮子价格的衡量,主要反映消费者支付商品和劳务的价格变动情况。CPI是一种度量通货膨胀水平的重要指标,通常以百分比形式表示。物价指数与货币的购买力成反比,即物价指数越低,货币的购买力越强。在美国,构成CPI指标的商品共有七大类,包括食品、酒和饮品、住宅、衣着、交通、医药健康、娱乐和其他商品及服务。

CPI物价指数能够反映一国消费者的购买力及经济的景气状况,因此该指数十分重要,并且具有启示性作用。如果CPI物价指数上升,那么表明通货膨胀已经成为一国经济不稳定的因素,该国货币有贬值的趋势。但如果CPI物价指数的升幅过大,央行可能会有紧缩货币政策及财政政策的举措,从而造成一国经济前景不明朗,因此过大的升幅是不被市场看好的。

如果将利率因素考虑在内,那么CPI物价指数对汇率的影响将变得非常复杂。从理论上讲,一国的CPI物价指数上升,表明该国的通货膨胀率上升,货币的购买力下降,根据购买力平价理论,该国的货币会贬值。与此相反,一国的CPI物价指数下降,表明该国的通货膨胀率下降,货币的购买力上升,根据购买力平价理论,该国的货币会升值。但是现实情况为,世界各国均以控制通货膨胀为首要经济目标,因此,通货膨胀率的上升也会导致利率的上升,这样反而利好该国货币。假如通货膨胀率受到控制而下降,利率也会同时随之下降,看淡该国货币。

3. 零售物价指数

零售物价指数(Retail Price Index,RPI)是反映一定时期内商品零售价格变动趋势与变动幅度的相对数,它是衡量一国通货膨胀状况的一种指示器。与 CPI 物价指数不同,RPI 物价指数是将不同商品在消费中所占的比例进行加权而计算出来的,它反应的是人们日常生活费用的变化。我国的 RPI 物价指数分为食品、饮料烟酒、服装鞋帽、纺织品、中西药品、化妆品、书报杂志、文化体育用品、日用品、家用电器、首饰、燃料、建筑装潢材料、机电产品等十四个大类,共规定了304种必报商品。从1994年起,国家、各省(区)和县编制的 RPI 物价指数不再包括农业生产资料。

通过计算 RPI 物价指数,一国可以从一个侧面上观察和分析城乡居民的生活支出与国家财政收入的变化、居民购买力与市场供需平衡的关系以及消费与积累的比例等。当一国经济蓬勃发展时,社会居民的个人消费支出增加,RPI 物价指数也会随之上升。而 RPI 物价指数的持续上升,有可能会带来通货膨胀的压力,并促使政府收紧货币供给,最终导致该国货币汇率上升。

4. 通货膨胀率对汇率的影响

因为物价是一国商品价值的货币表现,所以通货膨胀的发生也就意味着该国货币代表的价值量下降。在开放经济条件下,国内外商品市场密切联系,受通货膨胀的影响,出口商品生产成本上升,价格竞争力下降,会引发一国出口商品量的减少及进口商品量的增加,从而对外汇市场的供求关系产生影响,最终导致该国货币贬值。同时,一国货币对内价值的下降必定影响其对外价值,削弱该国货币在国际市场上的信用地位,投资者也会因通货膨胀的发生而预期该国货币将趋于疲软,将所持有的该国货币卖出,从而导致该国货币汇价下跌。

此外,依据一价定律和购买力平价理论,通货膨胀的国别差异会引起两国货币价值量的变化,进而引起汇率的变动。例如,一个汉堡包在美国的售价是1美元,在澳大利亚的售价是2澳元。假设美元与澳元的兑换比价为:澳元/美元 = 1∶0.500。这也就意味着,在澳大利亚,1美元可以兑换成2澳元,买到一个汉堡包。如果澳大利亚发生通货膨胀,汉堡包的售价就会由2澳元涨到2.20澳元,那么1美元兑换来的2澳元就买不到一个汉堡包,投资者将不再用美元兑换澳元,而是选择用1美元在美国买汉堡包。因此,当一国的通货膨胀率高于另一国的通货膨胀率时,该国货币所代表的实际价值相对减少,则该国货币就会贬值。反之,则会升值。

(四)失业率

失业率(Unemployment Rate)是指失业人口占劳动总人口的比率,即在一定时期的全部就业人口中,有工作意愿但仍未有工作的劳动力数字。通过失业率指标,投资者可以判断一定时期内一国全部劳动人口的就业情况。一直以来,失业率数字均被视为反映一国整体经济状况的指标,外汇交易员与研究者们喜欢利用失业率指标,对工业生产、个人收入等其他相关指标进行分析和预测。在外汇交易的基本因素中,失业率指标常被称作是所有经济指标中"皇冠上的明珠",它是市场上最为敏感的月度经济指标。

失业率反映的是一个国家或地区的经济情况,同时也会直接影响到该国或地区的货币强弱。失业率数据每月公布一次。通常,如果失业率下降,社会雇佣量增加,国家人力资源能被全面利用,那么表示整体经济蓬勃健康发展,有利于货币升值;反之,如果失业率上升,很多劳动力资源闲置,那么代表经济发展放缓甚至衰退,对货币产生不利影响。若将失业率指标结合同期的通货膨胀指标来分析,一国政府则可判知国家经济发展是否过热,是否构成加息的压力,或是否需要通过减息以刺激经济的发展。

此外,与失业率相对应的指标为就业率(Employment Rate),最具有代表性的就业率指标为非农业就业数字。非农业就业数字主要统计从事农业生产以外的职位变化情况,它能反映出制造业、服务业的发展状况及增长情况,因此,非农业就业数字的减少便代表企业减少生产,经济步入萧条。当经济发展较快时,社会消费自然会随之增加,消费性及服务性行业的职位也会增多。理论上,非农业就业数字的大幅增加会对汇率有利;反之,则不利。因此,非农业就业数字是观察社会经济状况和金融发展程度的一项重要指标。

(五)耐用品订单

耐用品是指不易损耗、能够连续使用超过三年以上的货物。耐用品订单(Durable Goods Orders)则代表在未来一个月内,国家对耐用品的订购数量,凡是有意购买或预期马上交运或在未来交运的商品交易均在统计范畴之内。耐用品订单数据反映了制造业的活动情况。

在美国,由商务部统计局负责,每个月向全美五千多家大公司及全球7万个生产商收集必要的资料、统计整理得出耐用品订单数据,再予以公布。该数据包括对汽车、飞机等重工业产品和制造业资本用品及其他诸如电器等物品订购情况的统计,数字的高低预示着未来一个月内制造商生产活动的景气程度。总体而言,如果耐用品订单数据上升,那么表示制造业情况有所改善,在一个良性发展的范围内,会长期利好该国货币。反之,如果耐用品订单数据下降,那么反映出大多数制造业公司预期经济前景欠佳,未来数月的失业率会增加,该国货币会贬值。

(六)国际贸易平衡数

国际商品贸易是构成国与国之间经济活动的一个最重要的组成部分,而贸易平衡数

(Trade Balance Figure)则充分反映了一国的国际商品贸易状况,是判断一国宏观经济运行情况及进行外汇交易基本因素分析的一项重要指标。

当一国的进口总额大于出口总额时,该国便会出现贸易逆差。如果一国经常出现贸易逆差,国民收入便会不断流出国外,该国经济表现疲软。政府若要改善贸易逆差的现状,就必须让本国货币贬值,以变相降低出口商品价格、提高出口产品的竞争力。当一国贸易逆差扩大时,外汇市场会看淡该国货币,该国货币最终贬值。反之,当一国的出口总额大于进口总额时,该国便会出现贸易顺差,该国货币最终升值。当一国的出口总额等于进口总额时,则该国实现了贸易平衡。因此,国际贸易平衡状况是影响外汇汇率变化的一个非常重要的因素。美国每个月公布一次贸易平衡数据,即每月末公布上一个月的具体数值。我国则是至少每个季度公布一次进出口数值。

(七)外汇储备状况

外汇储备(Foreign Exchange Reserve)是指一国政府所持有的国际储备资产中的外汇部分,即一国政府持有的以外币表示的、可以随时兑换的债权资产。外汇储备是一国国际清偿力的重要体现,对平衡国际收支、稳定汇率有着重要的影响。因此,外汇储备状况是外汇交易基本分析的一个经济因素,其重要功能在于维持外汇市场的稳定。

在很大程度上,一国货币的稳定与否主要取决于特定市场条件下其外汇储备所能保证的外汇流动性。保有适度的外汇储备是一国调节经济、实现内外平衡的重要手段。当出现国际收支逆差时,一国动用外汇储备可以促进国际收支恢复平衡;当汇率出现波动时,一国动用外汇储备干预汇率,可使之趋于稳定。因此,外汇储备状况是实现一国经济均衡稳定必不可少的手段,特别是在经济全球化不断发展、一国经济易于受到其他国家经济影响的情况下,更是如此。

此外,外债结构与外债水平也是外汇交易基本分析的一个重要经济因素。若一国负有外债,则必然会影响到其外汇市场的稳定。如果外债管理措施不当,该国外汇储备的防御力将被大大削弱,同时对本国货币的稳定性带来一定冲击。从国际经验看,因外债管理措施不当所带来的汇率波动,往往会导致受冲击国货币的贬值,贬值的幅度主要取决于该国所实行的经济制度与社会秩序的稳定程度。

(八)综合领先经济指标

综合领先经济指标(Economic Leading Indicator,ELI)是一系列与促进经济循环相关的经济指标和经济变量的加权平均数。该指标主要被用于衡量整体的经济活动,以预测未来数月的经济发展趋势。

以美国为例,美国商务部负责收集资料并每月公布一次统计结果,资料主要包括股价、消费品订单、平均每周的失业救济金、房屋建筑申请、消费者的预期、制造商未交货的订单变动、货币供应、销售额、原材料的生产销售、厂房设备订单以及平均工作周时等,经济学家及投资者可以通过综合领先经济指标来判断美国未来的经济走向。ELI指标上升,表明一国经济持续增长,对该国货币产生利好影响。若ELI指标下降,预示一国经济衰退或放缓,对该国货币产生不利影响。

二、心理因素

在主要依据经济数据判断汇率走势的同时,投资者及外汇交易员也对一些非经济因素给予了极大的关注。受自身特性的限制,心理因素、央行影响、政治因素等非经济因素往往是定性而非定量的,它们也是影响汇率波动的重要因素。

影响外汇交易的心理因素主要包括情绪、态度和预期等。"情绪"是一种态度的体现,它是投资者对于某种外汇汇率走势是否符合自己的判断而表达出的一种态度。"态度"则反映了投资者对当前外汇交易的一种感受。"预期"是在某一特定时间、特定情形下,大多数投资者对某种外汇汇率走势的看法,它是在一段时间内慢慢酝酿形成的。需要指出的是,投资者的心理预期不一定是正确的,当心理预期发生偏差时,外汇市场也是会立即改变的。

利用心理因素分析外汇汇率走势的一项重要指标为消费者信心指数(Consumer Confidence Index,CCI),有时也被称作消费者情绪指数(Index of Consumer Sentiment, ICS)。消费者信心是指根据国家或地区的经济发展形势,消费者对就业、收入、物价、利率等问题的看法和预期。CCI指数是对整体消费者所表现出来的信心程度的一种衡量指标。CCI指数一般包括消费者满意指数(Index of Current Economic Conditions,ICC)和消费者预期指数(Index of Consumer Expectations,ICE)。其中,ICC指数反映消费者对当前各种经济条件和购买时机的评价,ICE指数反映消费者对未来收入和总体经济走向的预期,CCI则是在结合二者的基础上,综合反映消费者对当前经济状况的满意程度和对未来发展的信心。

如果消费者对当前及今后一段时期内国家的经济发展形势持积极、乐观心态,对未来的收入预期看好,那么消费者就会倾向于有较大的开销支出,甚至愿意负债消费。若多数消费者都持积极乐观心态,那么整个国家的消费需求将会大大增长,经济景气攀升。反之,如果经济生活中出现大量不确定性因素,使得消费者对当前及今后一段时期内国家的经济发展看淡,对未来收入的预期悲观,那么消费者就会表现出信心不足,延缓消费支出,从而转为增加储蓄。若多数消费者的看法同时由乐观转为悲观,那么整个国家就会出现广泛的消费下降,其结果是经济衰退将可能从预期变为现实。因此,从国外五十多年的理论研究和实践来看,消费者信心指数与重要的宏观经济指标之间存在密切联系,对未来的整个经济发展趋势有一定的预见性,是宏观经济发展的一个重要先行指标。

从20世纪80年代开始至今,美国商务部定期公布其消费者信心指数,作为观察国家经济发展变化的灵敏经济指数之一。我国国家统计局从1998年8月开始定期发布《中国消费者信心监测报告》,消费者信心指数已经成为我国经济景气指数体系的有机组成部分,受到国内外的关注。

三、中央银行的影响

在现今开放经济条件下,中央银行进行外汇干预已经成为全球外汇市场的一种普遍现象,也是汇率短期波动的重要原因之一,因此,分析外汇市场基本因素时必须要考虑中央银行的影响。

一国经济的持续发展和稳定有赖于稳定的汇率,中央银行有责任在相应能力的范围内干预和规范汇率。中央银行通常只在汇率出现异常波动时才会出面干预市场,央行的干预也只能起到暂时的影响、放缓汇率变化的速度,无法改变汇率的长期走势。

(一)中央银行进行外汇干预的目的

从国际实践看,中央银行进行外汇干预主要出于以下几个目的。

1. 管理国际资本流动及进出口业务

20世纪70年代以来,随着浮动汇率制度的普遍建立,一国汇率的变化会引起国际资本流入流出。通常情况下,巨额国际资本的流入流出会对一国的汇率造成较大冲击,有时也为投机性国际资本打破一国的汇率稳定创造了机会。因此,作为外汇主管机构的中央银行需要积极消除国际资本流动对本国汇率的非良性影响,从而引导汇率的走向。

此外,在许多国家,进出口业务已经上升为一个政治问题,它与国民的就业机会有着密切的联系,直接关系到选民对执政党的态度以及国民的贸易保护主义情绪等诸多方面。因此,中央银行往往会通过干预本币汇率来实现其外贸政策。

2. 配合宏观政策需要,抑制通货膨胀

外汇市场与宏观经济的运行之间相互影响,外汇市场的波动会影响宏观经济运行的方向,宏观经济的运行又决定了外汇汇率的运动趋势。如果一国汇率水平长期偏低,则大量国际资本流入该国，可能会导致该国物价上涨，甚至出现通货膨胀。无论是出于政治还是经济方面的原因考虑，为实现预定的宏观经济政策目标、抑制国内通货膨胀，中央银行会选择直接或间接干预外汇市场，以维持本国的经济、政治稳定。

（二）中央银行进行外汇干预的途径

中央银行可以通过动用外汇储备、中央银行之间调拨或官方借贷等途径对外汇市场进行干预。中央银行干预外汇市场的策略主要有两种：一是不改变现有货币政策的干预（Sterilized Intervention，又称"对冲干预"）；二是改变现有货币政策的干预（Non-sterilized Intervention，又称"非对冲干预"）。

所谓不改变现有货币政策的干预是指中央银行认为外汇价格的剧烈波动或偏离长期均衡只是一种短暂现象，希望在不改变货币供应量的情况下，改变现有的外汇价格。换言之，中央银行试图不改变国内的利率水平而改变本国货币的汇率。所谓改变现有货币政策的干预是指中央银行转变现有的货币政策，即中央银行直接在外汇市场买卖外汇，听任国内货币供应量和利率朝有利于达到干预目标的方向变化。

在实施"对冲干预"时，中央银行通常会采用两种策略：一是在外汇市场上买入或卖出外汇，同时在国内债券市场上卖出或买入债券，从而改变汇率而保持利率不变；二是在外汇市场上通过查询汇率变化情况、发表声明等措施来影响汇率，达到干预的效果。在实施"非对冲干预"时，中央银行可以采用直接介入干预、调节利率水平等措施来影响汇率，以达到干预的效果。结合各国的实践情况，中央银行干预外汇市场的手段主要有以下几种。

1. 影响市场预期，传递信号干预外汇市场

通常，中央银行或财政部的官员可以在媒体发表公开声明或其对市场变动的看法，以影响投资者的主观判断与操作，引导投资者买卖外汇或者平抑市场上的不稳定因素。同时，中央银行还可以通过向银行或外汇经纪人查询汇率的方式，向市场传递一种信号：中央银行不太满意目前的汇率水平或是中央银行的货币政策可能会调整，预期中的汇率自然也会随之变化。一般情况下，投资者在初次接收这些信号后会做出反应。

2. 直接买卖外汇，干预外汇市场

如果通过传递信号不能影响市场行为，那么中央银行会借助大银行或外汇经纪人直接进入外汇市场，买进弱势货币、卖出强势货币。通过外汇买卖，中央银行可以影响到外汇市场的供求平衡，从而扭转汇率的变动方向。由于具有突发性和金额庞大等特点，中央银行的买卖行为对弱势货币提供了有力支持，增强了投资者的信心。因为此项措施力度大并会改变既定的

货币政策,所以中央银行只会在本国货币汇率长期偏离均衡汇率时才愿意采取直接干预的措施。

3. 调整利率,影响本国汇率

当一国发现本币遭遇投机力量的恶意攻击或被大量抛售而面临贬值压力时,中央银行可以借助提高国内利率的方式来维护本币的币值。利率上升,既增加了投机者借入该国货币的成本,又增加了投资者持有本币的收益,进而增加了本币的需求量,能够有效地集中市场全部力量抵抗投机者的卖空压力。更为重要的是,调高利率也向投机者传递出了一种信息,即中央银行会不惜一切代价维持本币币值的稳定。在这种情况下,除非投机者有足够的信心或资金实力,否则一般会适可而止。由于提高利率会不可避免地给本国经济带来负面影响,所以各国中央银行使用该手段干预外汇市场时往往会十分谨慎。与此相反,当一国发现本币被投机者大量买入而面临升值压力时,中央银行可能会降低利率,以使被高估的本币回归到合理的水平。

四、新闻因素

新闻舆论是影响外汇汇率波动的一种突发性因素。"新闻"是指一些不可预料的事件或舆论,如经济统计数字的发表、自然灾害、政府首脑患病或辞职及谣言等。对于一个走势稳定的外汇市场来说,重要新闻舆论消息的发布会瞬间打破平衡,造成外汇市场的波动,并且这种影响是经常的、大量的。

根据所起的作用不同,我们可以将新闻分为两种:一是可预见的新闻,二是不可预见的新闻。对于一些可预见的新闻,如美国定期公布的经济统计数据,在新闻公布前已为公众所知。通常,投资者会按照自己的心理预期在外汇市场上提前采取行动。因此,当前的汇率水平已经包含了这类新闻的影响。对于一些不可预见的新闻,投资者若能及时做出反应,先一步入市或出市,则会获得收益或避免损失。不可预见的新闻常常会造成外汇市场交易的停滞,进而改变汇价的整体走势。在实践中,投资者应把握住以下两点:第一,不可预见新闻的影响大多是短暂的,从长期来看,这种短期影响完全有可能被汇价的长期走势所抵消;第二,不可预见新闻是通过引导国际资本流动来改变货币供求,并最终影响外汇市场的,因此,投资者应着重分析这些新闻背后所隐含的经济背景。

需要注意的是,外汇市场对新闻的反应不取决于它们是"好"还是"坏",而是取决于它们是比预期中"更好"还是"更坏"。这就要求投资者能够及时、充分、全面、系统地分析新闻,做出正确判断,选择恰当的入市时机买入或卖出相应的货币,这是外汇投资者必备的一项基本素质。

五、政治因素

从全球范围来看,任何重大政治事件(如战争、大选、政权更替、边界冲突等)的发生,都会对外汇汇率产生不同程度的影响,导致外汇走势偏离长期均衡。政治事件通常都是突发事件,并且难以预测,它会在短时间内急速改变投资者的心理和预期。因此,政治因素对外汇市场的影响和冲击极大,经常会导致汇率短时间内的剧烈波动。外汇投资者不仅要关注经济因素,还要了解和分析国际政治格局的变化以及各国政治热点问题的发展动态,以便能够在短时间内针对发生的政治事件做出正确的判断和操作。

(一)政变或战争

当发生政变或爆发战争时,一国货币就会因为币值不稳定而贬值,政治局势动荡是造成该国货币贬值的最主要原因。

案例1:苏联"八·一九"事件对外汇市场的影响

1991年8月19日,苏联副总统亚纳耶夫对外宣布,戈尔巴乔夫由于健康原因已不能履行总统职务,自即日起由他本人代行总统职务。亚纳耶夫同时宣布成立国家紧急状态委员会,行使国家全部权力,在苏联部分地区实施为期6个月的紧急状态。该委员会发布《告苏联人民书》,称戈尔巴乔夫倡导的改革政策已经走入死胡同,国家正处于极其危险的严重时刻。同日,苏联内阁举行会议,表示支持紧急状态委员会所做出的决定。

俄罗斯联邦总统叶利钦拒不服从紧急状态委员会的命令,号召举行政治罢工,抗议亚纳耶夫等人发起的行动。8月20日,莫斯科实行宵禁。8月21日,戈尔巴乔夫宣布已完全控制了局势,苏联国防部决定撤回部署在实施紧急状态地区的部队。苏联内阁发表声明,表示完全执行总统的指示。

经过这次事变后,苏联局势变得更加复杂化。俄罗斯联邦乘机从联盟中央手中接管了原属中央的一系列政治、经济和军事权力,苏联一些地方出现了反共浪潮。

在"八·一九"事件发生以前,外汇市场已出现"苏联政局不稳"的消息,美元也连涨了7天,但谁也没有料到这则消息最终变为了现实。1991年8月19日,在外汇市场所有计算机的屏幕上都出现了"苏联发生政变"的字样,这则消息立刻引发了市场的恐慌,投资者疯狂地买进美元进行避险。以英镑对美元的汇率为例,在短短的几分钟内,该汇率从1英镑对1.6633美元猛跌至1.6130美元,跌幅达到3.1%。8月20日,消息显示"戈尔巴乔夫失去联系"、"发动事件者似乎难以控制局势",汇率随着这些消息的不断出现而剧烈波动。8月21日,"八·

一九"事件宣告失败,外汇交易者立刻抛出美元。以英镑对美元的汇率为例,其从1英镑对1.636 3美元猛涨到1.691 5美元,涨幅达到3.4%。此后,英镑又同其他外汇一起,开始了对美元汇价的一路上扬。

技术分析专家认为,在突发事件发生时,外汇对美元的汇率跌幅是有规律可循的。在苏联"八·一九"事件中,英镑对美元的汇价之所以跌至1.613 0时止跌回升,完全是因为这一点是近5年来英镑对美元汇率移动平均线的底部,英镑对美元的汇率不太可能一次就穿过这条线,"八·一九"事件失败后的汇价走势更说明了这一点的技术支撑作用。

苏联"八·一九"事件对外汇市场的影响说明,外汇价格有其内在的变动规律。短期、突发性的政治事件会引起外汇现货价格背离其长期的均衡价格,但在政治事件过后,外汇走势又会按照其长期均衡价格的方向移动。

案例2:"沙漠风暴行动"对外汇市场的影响

1991年1月17日,巴格达时间凌晨2:40左右,以美国为首的驻海湾多国部队向伊拉克发动了代号为"沙漠风暴行动"的大规模空袭。从美国的各种军舰及沙特阿拉伯的陆地上,数以百计的飞机和巡航导弹飞向北方和西方,袭击伊拉克、科威特境内的轰炸目标。巴格达立时火光冲天,声震大地,伊拉克则用导弹予以还击。一场以伊拉克和以美国为首的多国部队为交战双方的现代化战争终于爆发。这场战争也被称作"海湾战争"。在海湾战争中,交战双方进行了100个小时的地面决战,其巨大的战争规模为第二次世界大战以来所罕见。交战双方共动用的兵力已达百万之众,作战区域涉及伊拉克南部及科威特全境,共约5万平方公里,结果以美国为首的多国部队大获全胜。

在"沙漠风暴行动"开始前的一个月内,围绕"美国究竟会不会展开行动"的这一猜测,外汇汇率已经呈现出大起大落的走势。每当美国政府要员发表态度强硬的讲话,表示要采取军事行动时,美元就会短时间内走出一波大涨的行情;而当出现"西欧国家出面调解""有望和平解决争端"之类的传闻时,美元就会在短时间内迅速下跌。

在战争爆发的当天,美元先是一路猛涨,以英镑对美元的汇率来看,最低跌到了1英镑对1.899 0美元。随后,有消息传出,"美国已经很快控制住了局势""美国获胜稳操胜券",投资者又开始抛售美元,仍以英镑对美元的汇率来看,涨到了1英镑对1.935 3美元,在此后的一个月内也是一路上涨。

从客观上来说,在分析美国和伊拉克两国军事实力的基础上,人们不难得出结论:美国一定会将伊拉克赶出科威特,取得战争的胜利。然而,外汇市场并不接受这种逻辑判断,而是根据投资者的心理和预期去寻找价格。只有在事实被人们普遍接受之后,汇率才会猛然回归到原来的趋势上去。

（二）大选或政权更替

如果一国进行大选,那么就意味着其领导者或执政党派会发生变化。当一个国家或地区发生政权更替时,新领导班底的国家决策及经济政策可能会与上一届政府相区别,这极可能会对该国货币汇率甚至是整个外汇市场的汇率水平产生不可估量的冲击。因此,在一国大选或发生政权更替的过程中,投资者要密切关注选举形势的变化以及新政府的政治方向、经济立场和货币政策等。

案例3：英国大选（1992年4月）对外汇市场的影响

在1992年4月9日英国举行的大选中,保守党获胜。事前的各种民意测验曾广泛地预测,选举结果或是不相上下或是工党以微弱的优势获胜,结果民意测验机构与所有的反对党一样遭到了惨败。尽管约翰·梅杰的保守党的多数席位有所减少,但却稳稳地保住了政权,并前所未有地开始了保守党的第四次连续执政。

在英国大选前的一个多月时间内,外汇市场就已经受到了此次大选的影响。大选前,保守党候选人也就是时任首相梅杰在民意测验中一直落后于工党候选人尼尔·金诺克。在20世纪80年代以前由英国工党执政,执政党坚持实行国有化政策,结果导致资本外流的局面。为扭转这一局面,1979年保守党撒切尔夫人任首相后,她用了近10年的时间大力推行私有化政策,而梅杰上任后也继续推行这一政策。因此,在1992年的大选中,如果金诺克在大选中获胜,那么就意味着英国政府的政策有可能会改变,英国有可能会回到推行国有化政策的年代。由于在民意测验中金诺克领先于梅杰,所以,英国国内从3月份就出现了两种现象：一是资本逐渐开始外流,二是英镑的汇价逐步下跌。以英镑对马克的汇率为例,英镑是欧洲货币体系的成员货币,它对马克的汇率是由固定但可调节的汇率制度决定的,上限为3.132 0马克,下限为2.778 0马克,中心汇率为2.95马克。英镑的汇价从2月中旬就开始下跌,到2月底,1英镑对2.96马克,4月6日又跌至2.83马克,使英镑对马克的汇率向欧洲货币体系规定的底线逼近。

在大选当天,英镑出现了剧烈的波动,并且这种波动富有戏剧性。在大选开始前两天,民意测验结果显示,梅杰与金诺克的支持率已经相当接近,投资者开始在外汇市场上大量买进英镑。在大选开始时,金诺克的选票领先于梅杰,外汇投资者又开始大量卖出英镑。但之后没多久,梅杰的选票就开始节节攀升,外汇投资者又开始抛外汇、买英镑,使英镑对马克的汇价迅速攀升,从1英镑对2.847 7马克猛涨到2.905 3马克。

此次大选结束后,英镑似乎从此变为坚挺货币。外汇投资者一致认为梅杰的胜利表明英国政局的稳定,市场看好英国的经济发展前景,流出的资本又重新流回英国。事实上,当选的梅杰仍是原来的首相梅杰,市场上也经常会出现英国经济不景气的统计数据,但英镑还是在大选后的近两个月时间内持续上扬。一些专家和技术分析人员预测,英镑对马克的汇价将上升到 3.10,去试探欧洲货币体系规定的 3.132 0 的上限。但从实际的走势来看,英镑对马克的汇价始终没有突破 2.950 0,并在 6 月份开始下跌。

(三) 恐怖事件

恐怖袭击事件的发生也会严重影响到一国的汇率稳定,甚至会造成全球股市、汇市、债市和金价的剧烈波动。

案例 4:"9·11 事件"对外汇市场的影响

"9·11 事件"指的是在美国东部时间 2001 年 9 月 11 日上午,恐怖分子劫持了 4 架民航客机撞击美国纽约世界贸易中心和华盛顿五角大楼的历史事件。在此次恐怖袭击事件中,包括美国纽约地标性建筑——世界贸易中心双塔在内的 6 座建筑被完全摧毁,其他 23 座高层建筑遭到破坏,美国国防部总部所在地五角大楼也遭到袭击。"9·11 事件"是继珍珠港事件后,历史上第二次对美国造成重大伤亡的袭击事件,也是人类历史上截至 2001 年底为止最严重的恐怖袭击事件。

在"9·11 事件"发生之前,投资者普遍认为,美国有强大的经济和军事实力,其本土发生战争或遭遇袭击的可能性较小,所以美国一直被当作"国际资金的避难所"。一旦世界上发生战争等重大政治事件,许多国家的资金都会流入美国金融市场避难,故而此类事件往往推动美元升值。"9·11 事件"则打破了美国的神话,事件发生当天,美元大幅贬值。以英镑对美元的汇率为例,从开盘时的 1.456 3 美元下降到收盘时的 1.476 4 美元,美元日跌幅达到 201 点。经济政策分析和技术分析等手段在这一突发事件面前,都显得苍白无力。

"9·11 事件"的发生令许多投资者都产生了怀疑,美国是否还是全球最安全的国家?美国作为"国际资金避难所"的作用已被人们所质疑。

【实训项目内容】

一、经济指标的含义

(一) 国内生产总值

目前,各国每季度公布一次 GDP 数值,从而显示了在一定时期内该国境内的全部经济活动,其中也包括外国公司在该国境内投资设立的子公司所创造的全部营利。如果 GDP 稳定增长,那么表明一国国民收入增加、经济蓬勃发展,利好本币;反之,则利空。通常来说,如果 GDP 连续两个季度下降,那么一国经济即出现了衰退。

(二)非农就业数据

非农就业数据(Non-farm Payrolls)是失业率数据中的一项,反映了除农业就业人口之外的新增就业人数。非农就业数据充分体现了一国制造业及服务业的发展现状及增长趋势。若非农就业数据减少,则表明一国大部分企业减产,经济出现衰退,利空该国货币;若在没有发生恶性通货膨胀的情况下,非农就业数据大幅增加,则表明一国经济健康、快速发展,利好该国货币。美国的非农就业数据是美国经济指标中最重要的一项,也是对汇市产生极大影响的经济数据。

(三)零售销售业绩

零售销售业绩(Retail Sales)反映了除服务业之外的零售业以现金、信用卡形式进行的商品交易情况。由于该数据难以预测及数值的修正幅度较大,所以零售销售业绩报告的公布极有可能造成外汇市场的剧烈波动。通常情况下,零售销售业绩的稳健增长被视为利好本国货币。

(四)国际贸易赤字

当一国出口总额大于进口总额时,称该国实现了贸易顺差;反之,则出现贸易逆差。通常情况下,出口的增加会导致一国国际贸易赤字(International Trade Deficit)的缩小及对该国货币需求的增加,因此,国际贸易赤字缩小对一国货币而言是一个利多消息。反之,国际贸易赤字扩大对一国货币而言是一个利空消息。

(五)个人收入

个人收入(Personal Income)指标涵盖了个人通过各种渠道如工资薪酬、社会福利、储蓄及股息分红等所获得的全部收入。该指标反映了一国个人的实际购买力水平,预示了消费者对商品和服务等未来需求的变化情况。若数据增加,则表明一国经济好转,消费可能会增加,利好该国货币;反之则利空。

(六)个人消费支出

个人消费支出(Personal Consumption Expenditure)指标涵盖了个人购买耐用和非耐用消费品的开支以及购买服务的开支情况,它是衡量一国居民消费动态的重要指标。零售销售业绩数据统计了耐用和非耐用消费品的消费情况,而服务消费的数据通常是以相对较为固定的速度变化。如果个人消费支出指数的实际数值与预测数值有较大的差异,那么可能会对汇率产生较大影响,两个数值的差异越大,影响也就越大。

（七）消费者物价指数

CPI 指数是将与消费者生活密切相关的商品及劳务价格进行比较所得的一项物价变动指数。若 CPI 指数大幅上升，则表明一国有通货膨胀的压力，该国中央银行可能会通过调高利率水平来加以控制，这对该国货币而言是利好消息。但是利用这一指标进行分析时，我们需要明确一点：与消费者生活密切相关的产品大多为最终产品，其价格只涨不跌。因此，CPI 指数也不能够完全反应一国价格变动的真实情况。

（八）生产者物价指数

PPI 指数是衡量各种商品在不同生产阶段的价格变化情况的一项物价变动指针。通常情况下，PPI 指数上升，表明一国生产需求旺盛、有引发通货膨胀的可能，该国央行可能会提高利率以控制通胀，这对该国货币而言是利好消息。反之，若 PPI 指数下降，则对该国货币而言是利空。

由于 PPI 的公布日期要早于 CPI，因此一些分析师喜欢用 PPI 数据预估 CPI 的走势，但从长期来看，虽然两项经济指标之间的相关程度较高，但是也存在着很大的差别。PPI 可能会与 CPI 呈现完全相反的走势。

（九）工厂订单

工厂订单（Factory Order）报告包括一国国内厂商上报的新订单、未决订单和库存状况，较提前一周发布的耐用消费品报告更为全面和详细。该报告的数据是两个月前已经公布的旧数据，虽然比较精准，但缺乏时效性，因此，工厂订单报告对外汇市场的影响十分有限。但是，市场分析师也会关注工厂订单报告中对前一个月的修正数据，并利用该报告中的制造业库存来辅助预测本季度的 GDP 数值。

（十）就业报告

就业报告（Employment Report）涵盖了就业状况、平均每周工作时数与每小时工资的资讯。需要重点指出的是，就业报告与失业率指标的最大不同之处在于，就业报告是经济活动变化的同步指标，即经济好转时，就业人口增加；经济衰退时，就业人口减少，二者同步变化。而失业率是经济变化的落后指标，其变动要落后于经济的变化，存在时滞。因此，我们可以借助就业报告来预估其他的经济指标变动情况。

（十一）领先经济指标指数

领先经济指标指数（The Index of Leading Economic Indicators）是由许多项经济指标共同组

成的一项综合指数,被用于预测未来整体经济的变动情况。从名称上可知,领先经济指标是经济活动变化的领先指标,即其变化要早于经济的变化。一般情况下,在经济出现转折前,领先经济指标会呈现出连续三个月同方向的变动状态。在经济陷入衰退前,领先经济指标必然会出现连续三个月的下降状态。因此,领先经济指标是一项重要的预测与规划工具。

二、主要国家经济数据状况

为查询一些主要国家的经济数据状况,投资者可以登录http://www.fx678.com/网站、http://www.fx168.com/网站或http://www.eastmoney.com/东方财富网,在这些网站首页上的"经济指标"或"经济数据"一栏内提供了最新的数据资料。

首先,我们以http://www.fx168.com/网站为例。

第一步,在地址栏里,输入http://www.fx168.com/,回车后出现网站的首页,如图6.1所示。

图6.1 网站首页

第二步,在网站的首页里,找到"经济指标"这一链接项目,点击打开,如图6.2所示。在这一链接项目里,显示有"美国指标""各国指标""财经月历"和"信用评级"四个子项目。

图6.2 "经济指标"链接界面

第三步,打开"美国指标"这一项目,可以查找到美国最新的经济指标数据,见表6.1。

表6.1 美国经济指标数据

经济指标名称	近期数据	前次数据	公布	预测值	下次公布时间	重要等级
CPI/%	10月+2.2	9月2.0	11/15	+2.1	2012-12-14	★★★★
GDP/%	第三季(R)+2.7	第三季(P)+2.0	11/29	+2.8	2012-12-20	★★★★★
ISM	11月49.5	10月51.7	12/03	51.3	2013-1-2	★★★
PPI/%	10月+2.3	9月2.1	11/14	+2.6	2012-12-13	★★★★
产能利用率	10月77.8%	9月78.3%	11/16	78.3%	2012-12-14	★★★
成屋销售/%	10月+2.1	9月-1.7	11/19	-0.4	2012-12-20	★
出口物价/%	10月0.0	9月0.8	11/09	+0.2	2012-12-12	★
非农就业人数/千	10月171	9月142	11/02	+125	2012-12-7	★★★★★
非农生产/%	第三季(R)+2.9	第三季(P)+1.9	12/05	+2.7	2013-2-7	★★★★★
个人收入/%	10月-0.0	9月+0.4	11/30	N/A	2012-12-20	★
个人支出/%	10月-0.2	9月+0.8	11/30	持平	2012-12-20	★
工厂订单/%	9月+4.8	8月-5.2	11/02	+1.6	2012-12-5	★★★★
工业生产/%	10月-0.4	9月+0.4	11/16	+0.2	2012-12-14	★★★
国际贸易/b$	9月-41.55	8月-44.22	11/08	-45.0	2012-12-11	★★★★★
建屋许可/%	10月866	9月894	11/20	865	2012-12-19	★
进口物价/%	10月+0.5	9月1.1	11/09	0.0%	2012-12-12	
净资本流入/b$	9月0.47	8月9.14	11/16	5.74	2012-12-17	★★★★★
就业成本/%	第三季+0.4	第二季+0.5	10/31	+0.5	2012-1-31	★★★★
劳动力成本/%	第三季(R)-1.9	第三季(P)-0.1	12/05	-0.9	2013-2-7	★★★★★
零售销售/%	10月-0.3	9月1.1	11/14	-0.2	2012-12-13	★★★★★
领先指数/%	10月+0.2	9月+0.6	11/21	+0.2	2012-12-20	★★★★
耐用品销售/%	9月+9.8	8月-13.2	11/02	N/A	2012-12-5	★★★
批发存货/%	9月+1.1	8月+0.5	11/09	+0。4	2012-12-11	★★
商业存货/%	9月+0.7	8月+0.6	11/14	+0.5	2012-12-13	★★★
失业率/%	11月7.7	10月7.9	12/07	7.9	2013-1-4	★★★
失业人数	37.0万	39.5	12/06	38.0	2012-12-13	★

第四步,打开"各国指标"这一项目,可以查找到德国、法国、加拿大、欧元区、日本、瑞士、英国、中国等国最新的经济指标数据,具体见表6.2。

表6.2 各国经济指标数据

国家	国内生产总值	消费者物价指数	制造业物价指数	失业率	工业生产	零售销售	即将公布指标	即将公布时间
德国	Q3(F)+0.4%	11月P+1.9%	10月+1.5%	11月6.9%	10月-3.7%	10月-0.8%	11月(F)CPI	12月12日
法国	Q3(P)+0.2%	10月+1.9%	10月+2.9%	-%	9月-2.1%	N/A%	10月工业生产	12月10日

续表6.2

国家	国内生产总值	消费者物价指数	制造业物价指数	失业率	工业生产	零售销售	即将公布指标	即将公布时间
加拿大	9月0.0%	10月+1.2%	10月-0.2%	11月7.2%	9月+0.4%	9月+0.1%	10月零售销售	12月20日
欧元区	Q3(R)-0.6%	9月F+2.6%	8月+2.7%	10月11.7%	10月+2.6%	10月-3.6%	10月工业生产	12月12日
日本	Q3(P)-3.5%	10月-0.4%	10月-1.0%	10月4.2%	9月-8.1%	10月+1.2%	10月工业生产	12月14日
瑞士	Q3+1.4%	11月-0.4%	10月+0.4%	11月3.0%	Q2+4.6%	10月+2.7%	11月PPI	12月13日
英国	Q3(R)-0.1%	10月+2.7%	N/A%	10月4.8%	10月-3.0%	10月+0.6%	11月失业率	12月12日
中国	Q3+4.7%	11月+2.0%	11月-2.2%	-%	11月+10.1%	11月+14.9%	11月CPI	12月9日

第五步，打开"财经月历"这一项目，可以查找到已知的各国政府原定公布的经济指标、财经事件及时间表，如图6.3所示。

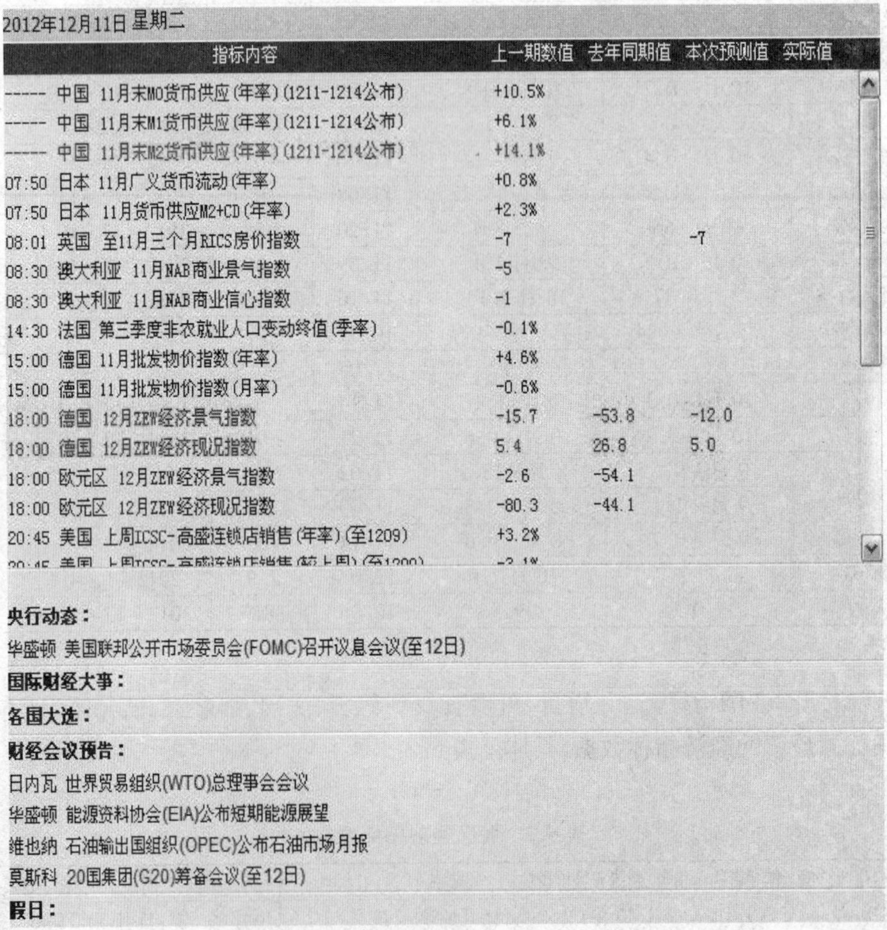

图6.3 "财经日历"界面

第六步,打开"信用评级"这一项目,可以查找到标准普尔公司、穆迪投资服务公司和惠普国际信用评级有限公司对各国债券、存款、外汇等的信用评级情况,见表6.3。

表6.3 信用评级

评级机构	项目		美国	日本	德国	法国	英国	澳洲	加拿大	瑞士	欧元区
标准普尔	本币债券	长期	AA+	AA−	AAA	负面	AAA	AAA	AAA	AAA	—
		预估	负面	负面	稳定	负面	负面	稳定	稳定	稳定	—
		短期	A−1+	A−1+	A−1+	A−1+	A−1+	A−1+	A−1+	A−1+	—
	外币债券	长期	AA+	AA−	AAA	AA+	AAA	AAA	AAA	AAA	—
		预估	负面	负面	稳定	负面	负面	稳定	稳定	稳定	—
		短期	A−1+	A−1+	A−1+	A−1+	A−1+	A−1+	A−1+	A−1	—
穆迪投资	外币政府债券	长期	A_{aa}	A_{aa}	A_{aa}	A_{aa}	A_{aa}	A_{aa}	A_{aa}	A_{aa}	—
		预估	负面	负面	稳定	负面	负面	稳定	稳定	稳定	—
	本币政府债券	长期	A_{aa}	A_{aa}	A_{aa}	A_{aa}	A_{aa}	A_{aa}	A_{aa}	A_{aa}	—
	外币债券票券	长期	A_{aa}	A_{aa}	A_{aa}	A_{aa}	A_{aa}	A_{aa}	A_{aa}	A_{aa}	A_{aa}
		短期	P−1	P−1	[2]	[2]	P−1	P−1	P−1	P−1	P−1
	外币银行存款	长期	A_{aa}	A_{aa}	A_{aa}	A_{aa}	A_{aa}	A_{aa}	A_{aa}	A_{aa}	—
		短期	P−1	P−1	[2]	[2]	P−1	P−1	P−1	P−1	—
惠普国际	长期外汇		AAA	AA	AAA	AAA	AAA	AAA	AAA	AAA	—
	短期外汇		F1+	F1+	F1+	F1+	F1+	F1+	F1+	F1+	—

其次,我们再以 http://www.eastmoney.com/东方财富网为例。

第一步,在地址栏里,输入 http://www.eastmoney.com/,回车后出现东方财富网的首页,如图6.4所示。

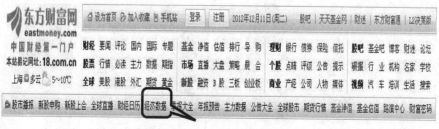

图6.4 东方财富网站首页

第二步,在网站的首页里,找到"经济数据"这一链接项目,点击打开。在这一链接项目里,显示有"国内数据"和"国际数据"两部分内容,如图6.5所示。

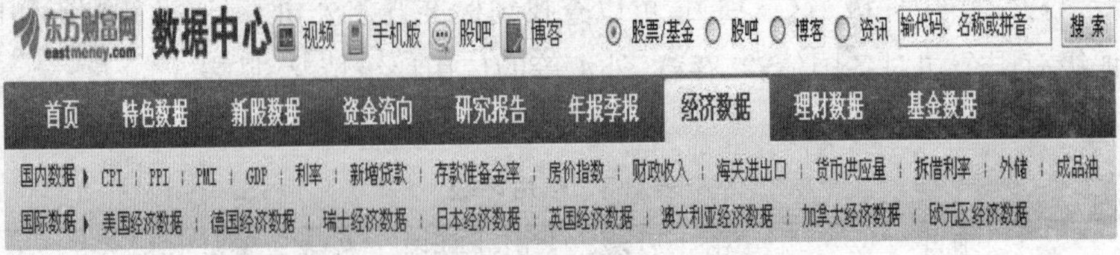

图 6.5 "经济数据"链接界面

第三步,点击"国内数据",我们可以查找到我国近期一些重要的经济数据,如图 6.6 所示。

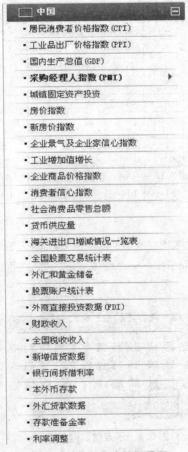

图 6.6 国内经济数据界面

第四步,点击"国际数据",我们可以查找到美国、德国、瑞士、日本、英国、澳大利亚、欧元区和加拿大等国近期的一些重要经济数据,如图 6.7 所示。

图 6.7 国际经济数据界面

最后,在分析各国近期经济数据的基础上,利用基本面因素预测各主要货币今后的走势。

三、影响美元走势的基本因素分析

(一)美元的基本特征

货币名称:美元(United States Dollar)

发行机构:美国联邦储备银行(U.S Federal Reserve Bank)
货币代码:USD
货币单位:美元(dollar,MYM),美分(cent,¢),MYM1 = 100 ¢
纸币面额:1 美元、2 美元、5 美元、10 美元、20 美元、50 美元、100 美元
硬币面额:1 美分、5 美分、10 美分、25 美分、50 美分、1 美元

美国财政部拥有美元的发行权,联邦储备银行负责办理具体的发行业务。美元是外汇交换中的基础货币,也是国际支付和外汇交易中的主要货币,其在国际外汇市场中占有非常重要的地位。

(二)影响美元走势的基本因素

1. 美国联邦公开市场委员会(Federal Open Market Committee,FOMC)

联邦公开市场委员会主要通过公开市场操作,在一定程度上影响市场中货币的存量,并负责决定新投入市场的货币数量,指导联邦储备银行的外汇市场活动。在坚持经济增长与通货膨胀相平衡原则的基础上,FOMC 制定货币政策,拟定利率目标区间。

2. 美国联邦储备银行(Federal Reserve Bank,Fed)

美国联邦储备银行(简称美联储)是美国的中央银行,其可完全独立地制定货币政策,以控制通货膨胀、保证经济快速增长。我们需要关注美联储公布的三大经济指标:公开市场操作数据、贴现率和联邦基金利率。

美联储网站:http://www.federalreserve.gov/、http://www.frbservices.org/。

3. 财政部(United States Department of The Treasury)

美国财政部负责管理联邦财政,制定财政预算,发行政府债券。虽然财政部对货币政策的制定没有发言权,但是其对美元的评论可能会对美元汇率产生较大影响,因此值得关注。

美国财政部网站:http://www.treasury.gov/Pages/default.aspx。

4. 联邦基金利率(Federal Funds Rate)

联邦基金利率是美国同业拆借市场的利率,也是最为重要的利率指标,并且能够敏感地反映出银行之间资金的余缺情况。联邦基金利率的变动能够直接影响商业银行的资金成本,并将同业拆借市场的资金余缺传递给工商企业,进而影响消费、投资和国民经济。因此,联邦基金利率水平的改变会引起股票、债券和外汇市场的较大波动。

5. 贴现率(Discount Rate)

贴现率是票据贴现者获得资金的价格,即商业银行因储备金不足等原因向美联储申请贷

款、由美联储收取的利率。尽管贴现率只是个象征性的利率指标,但是其变化会传递出美联储强烈的政策意图,因此也是影响美元的一个基本因素。

6. 30 年期国库券(30 – year Treasury Bond)

30 年期国库券也称长期债券,是市场衡量美国通货膨胀变化的一项最为重要的经济指标。30 年期国库券与美元汇率之间并无显著的联系,但若发生通货膨胀,则 30 年期国库券的价格下跌、收益率上升,可能会为美元汇率上升带来一定压力。由于美国财政部推行"发新债还旧债"计划,因此 30 年期国库券的发行量开始大量萎缩,市场更为关注美国 10 年期国库券的价格和收益率。

7. 10 年期国库券(10 – year Treasury Note)

10 年期国库券也被称作短期债券,是用于比较各国相同种类债券收益率的主要经济指标。各国短期债券收益率的差异会直接影响到汇率的水平,即若美国 10 年期国库券的收益率相对较高,则美元汇率可能会上升。

8. 3 个月欧洲美元存款(3 – month Euro-dollar Deposits)

欧洲美元是指存放在美国境外银行的不受美国政府法令限制的美元存款或从这些银行借到的美元贷款。欧洲美元与美国国内流通的美元是同一货币,具有相等价值,二者只是财务上的处理方式不同。由于欧洲美元供给充裕、应用灵活,存放以及借贷不受任何国家外汇管理法令的限制,因此,各国政府和大企业愿意使用欧洲美元以解决巨额资金的需求。但是,欧洲美元的流动性太强并且不受任何国家约束,因此,欧洲美元存款的变化也是造成国际金融市场动荡不定的主要因素。

9. 3 个月欧洲美元期货合约(3 – month Euro-dollar Futures Contract)

欧洲美元期货是指以欧洲美元利率为标的资产的期货,最知名的是 3 个月欧洲美元期货,投资者可以使用欧洲美元期货锁定 3 个月期的利率水平。3 个月欧洲美元期货合约对于美元汇率走势有很大影响,例如,3 个月欧洲美元期货合约与 3 个月欧洲日元期货合约的息差会决定 USD/JPY 汇率未来走势的基本变化。

10. 联邦基金利率期货合约(Fed Funds Rate Futures Contract)

联邦基金利率期货合约的价值充分显示了市场对美国联邦基金利率的期望值,这主要是与合约的到期日有关,该项指标是对美联储货币政策的最直接的衡量。

11. 美国股票市场表现(Stock Market)

股市若表现优异,将会吸引国际资金大量流入,进而带动汇率上扬。美国股票市场上的道·琼斯工业指数(Dow Jones Industrial Index)对美元汇率的影响最大。从20世纪90年代中期开始,由于外国投资者大量购买美国资产,因此道·琼斯工业指数与美元汇率呈现出极大的正相关性。而影响道·琼斯工业指数变化的因素主要有三个:公司收入(包括预期和实际收入)、预期利率水平和全球政治经济状况。

12. 经济数据(Economic Data)

需要关注的美国经济数据主要有:CPI,PPI,GDP,劳动力报告(薪酬水平、失业率和平均小时收入),国际贸易,工业生产,新屋开工和消费者信心等。

四、影响欧元走势的基本因素分析

(一)欧元的基本特征

货币名称:欧元(Euro)

发行机构:欧洲中央银行(European Central Bank,ECB)

货币代码:EUR

货币单位:1欧元=100欧分(Cents)

纸币面额:5欧元、10欧元、20欧元、50欧元、100欧元、200欧元、500欧元

硬币面额:1欧分、2欧分、5欧分、10欧分、20欧分、50欧分、1欧元、2欧元

欧元区(The Eurozone)由法国、德国、葡萄牙、西班牙、荷兰、意大利、奥地利、比利时、爱尔兰、芬兰、卢森堡、希腊、斯洛伐克、斯洛文尼亚、塞浦路斯、马耳他、爱沙尼亚17个会员国组成。目前,欧元是非美元币种里最为稳健的一个货币,常常带动欧系货币和其他非美元货币汇率共同变化,起到"领头羊"的作用。

(二)影响欧元的基本因素

1. 欧洲中央银行(European Central Bank,ECB)

欧洲中央银行是世界上第一个管理超国家货币的中央银行,其决策机构是管理委员会和执行委员会。ECB的职能是维护货币稳定,管理主导利率、货币的储备与发行以及制定欧洲货币政策,最主要的政策目标是维持欧元区的物价稳定。

为实现"物价稳定"这一单一货币政策(The Single Monetary Policy),ECB将消费物价调和指数(Harmonised Index of Consumer Prices,HICP)的变动作为制定和实施其货币政策的重要依据。若HICP连续大幅上升,则表明通胀压力增加,ECB可能会采用加息政策。ECB将一年中

欧元区 HICP 的同比涨幅控制在 2% 以下,并接近 2%。此外,ECB 也通过控制货币供应量(M3)来控制货币增长速度,其将 M3 的年增长率确定为 4.5%。

在每月的第一次货币政策委员会会议结束后,ECB 会召开新闻发布会并发布月度公报,从整体上分析当前的经济形势并公布相应的货币政策。显然,ECB 对欧元汇率走势的评论或对外汇市场的干预,会对 EUR/USD 汇率产生一定的影响。

欧洲中央银行网址:http://www.ecb.int/home/html/index.en.html。

2. 主要再融资利率(Main Refinancing Operations Minimum bid rate,MRO)

ECB 将 MRO 确定为基准利率,MRO 是指在银行发生资金短缺、向欧洲中央银行申请资金融通时所适用的利率。ECB 以 MRO 作为调控物价、调节货币市场流动性的工具,MRO 是 ECB 重要的货币政策工具之一。

3. 3 个月欧洲欧元存款(3-month European-euro deposit)

欧洲欧元存款是指存放在欧元区之外的银行中的欧元存款。3 个月欧洲欧元存款与 3 个月其他国家欧洲存款的利差会影响到欧元与其他货币的汇率水平。例如,当 3 个月欧洲欧元存款利率高于 3 个月欧洲美元存款利率时,EUR/USD 汇率就会上升。

4. 10 年期政府债券(10-year Government Bonds)

欧元区成员国发行的 10 年期政府债券与美国 10 年期国库券的利差是另一个影响 EUR/USD 汇率的重要因素,通常多以德国 10 年期政府债券作为基准。假如德国 10 年期政府债券的利率低于美国 10 年期国库券的利率,若此利差缩小,即德国 10 年期政府债券的利率上升或美国 10 年期国库券的利率下降,则会推动 EUR/USD 汇率上升。因此,两种同期政府债券的利差比其绝对值更具有参考价值。当然,利率差异主要与两个地区的经济增长前景有关,这也是影响 EUR/USD 汇率的一个基本因素。

5. 3 个月欧洲欧元期货合约(3-month European-euro Futures Contract)

3 个月欧洲欧元期货合约的价值显示了市场对于 3 个月欧洲欧元存款利率的整体期望值(与合约的到期日有关)。例如,3 个月欧洲欧元期货合约与 3 个月欧洲美元期货合约的息差决定了 EUR/USD 汇率未来走势的基本变化。

6. 经济数据(Economic Data)

需要关注的欧元区经济数据主要有:GDP、CPI 或 HICP,工业生产,消费者信心指数,失业率,零售销售,国际收支等。由于德国是欧元区最大的经济体,所以还要关注德国的 IFO 商业经济指数。

IFO指数是对包括制造业、建筑业及零售业等7 000多家企业进行定期调查,依照企业对目前处境状况的评估、短期计划和对未来半年的看法而编制的指数。每月一次的IFO调查是德国最主要的商业信心调查之一,对欧元区整体经济的健康发展具有重要意义。如果IFO数据向好,那么预示德国经济前景乐观,消费者支出会增加、经济扩张;反之,则经济放缓。

此外,我们还应关注欧元区各成员国的预算赤字。根据《稳定与增长法案》,欧元区各成员国的预算赤字要控制在3%以内,如果这一目标没有实现,那么可能会对欧元汇率产生负面影响。

7. 道琼欧盟50指数(Dow Jones EURO STOXX50)

道琼欧盟50指数是由道·琼斯公司(Dow Jones)精选的50只蓝筹股组成而制定的一个股票指数,其充分体现了欧洲股价的整体走势,反映了欧洲企业的获利前景及景气概况。

8. 政治因素(Political Factors)

与其他汇率相比,EUR/USD汇率最容易受到政治因素的影响。如果欧元区成员国特别是德国、法国、意大利国内出现政治不稳定的趋势,那么EUR/USD汇率也会时常波动。因为德国在俄罗斯有大量的投资,所以俄罗斯国内政治或金融的不稳定也会影响EUR/USD汇率。

五、影响日元走势的基本因素分析

(一)日元的基本特征

货币名称:日元(Japanese yen)

发行机构:日本银行(Bank of Japan)

货币代码:JPY

货币单位:1日元=100钱=1 000厘

纸币面额:1 000元、2 000元、5 000元、10 000元

硬币面额:1元、5元、10元、50元、100元、500元

日本是第二次世界大战后经济发展最快的国家之一,日元也是战后升值最快的货币之一,因此日元在外汇交易中的地位变得越来越重要。

(二)影响日元的基本因素

1. 财务省(Ministry of Finance, MOF)

财务省是日本的财政部,它是唯一有权制定财政政策和货币政策的部门,因此MOF对本

国货币的影响要超过美国、英国和德国财政部对本国货币的影响。财务省的官员会经常针对日本经济状况发表言论,无疑,这些言论会对日元汇率造成较大影响。例如,当日元的升值或贬值不符合其基本面的走势时,MOF官员就会通过发表相关言论来进行口头干预。

日本财务省网址:http://www.mof.go.jp/。

2. 日本银行(Bank of Japan,BOJ)

日本银行是日本的中央银行,其属于法人,类似于股份公司。根据1998年新修订实施的《日本银行法》,日本银行有权独立制定货币政策而不受政府的干扰或影响。但是,维护日元汇率稳定的职责属于日本财政部。

日本银行网址:http://www.boj.or.jp/en/。

3. 经济产业省(Ministry of Economy,Trade and Industry,METI)

经济产业省主要负责提高民间经济活力,确保经济与产业发展,维持日本企业的国际竞争力。经济产业省制定的产业政策、通商政策、产业技术、商务流通政策等无疑会影响到日元汇率的走势。

经济产业省网址:http://www.meti.go.jp/。

4. 利率(Interest Rates)

日本银行将银行间无担保隔夜拆借利率作为基准利率。日本银行确定隔夜拆借利率的水平,并通过此利率的变动来传递货币政策意图。因此,银行间无担保隔夜拆借利率也是影响日元汇率的一个主要因素。

5. 日本政府债券(Japanese Government Bonds,JGB)

通常,10年期日本政府债券的收益率被视为日本长期利率的一项基本指标。例如,10年期日本政府债券与10年期美国国库券的利差会影响USD/JPY汇率的走势。为提高货币体系的流动性,每个月日本银行都会购买10年期或20年期的日本政府债券。若10年期日本政府债券价格下跌、收益率上升,则对于日元汇率来说是利好消息。

6. 经济数据(Economic Data)

需要关注的日本经济数据主要有:GDP,Tankan survey(BOJ每季度的商业景气现状和预期调查),国际贸易,失业率,消费者物价指数,单位劳工成本,工业生产和货币供应量(M2 + CDs)。

7. 日经255指数(Nikkei - 255)

日经255指数是日本最主要的股票价格指数。由于其从1950年开始连续编制、具有较好的可比性,因此,日经255指数已经成为分析日本股票市场价格长期变动趋势最常用和最可靠的指标。若日经255指数上涨,则表明日本股票市场表现强劲,国际游资会不断流入日本股市,日元汇率也会因此而被推高。

六、影响英镑走势的基本因素分析

(一)英镑的基本特征

货币名称:英镑(££)

发行机构:英格兰银行(Bank of England)

货币代码:GBP

货币单位:1英镑=100新便士(New Pence)

纸币面额:5镑、10镑、20镑、50镑

硬币面额:1便士,2便士,5便士,10便士,20便士,50便士,1镑,2镑

英镑一直是英国的骄傲,寄托了帝国的荣耀。在欧元被采用后,英镑成为现今仍被使用的历史最悠久的货币。继美元、欧元和日元之后,英镑成为第四大外汇交易币种。

(二)影响英镑的基本因素

1. 英格兰银行(Bank of England,BOE)

英格兰银行是英国的中央银行,自1997年成为一个独立的公共机构后,它垄断了英格兰及威尔士地区的纸币发行权,并且该行的货币政策委员会获得了管理全国货币政策的授权。虽然英格兰银行有权独立制定货币政策,但是它所制定的货币政策仍然要符合财政部的相关规定。例如,英国财政部规定,用于评判物价稳定标准的零售物价指数(不包括抵押贷款)的年增幅要控制在2.5%以下。

英格兰银行网址:http://www.bankofengland.co.uk/Pages/home.aspx。

2. 货币政策委员会(Monetary Policy Committee,MPC)

货币政策委员会主要负责根据预定的通货膨胀目标制定利率水平。

3. 财政部(HM Treasury)

英国财政部主要负责执行英国政府的金融和经济政策,促进经济可持续发展和创造全国就业机会。自1997年以来,英国财政部制定货币政策的职能被逐渐削弱,但其依然为英格兰银行设定了通货膨胀目标并享有BOE重要人员的任免权。

英国财政部网址：http://www.hm-treasury.gov.uk/。

4. 利率(Interest Rates)

英格兰银行制定的最主要利率是最低贷款利率，这也是英国国内的基准利率。每月的第一周，BOE都会通过调整利率来向市场传递明确的货币政策信号，利率的调整会对英镑产生较大的影响。

5. 金边债券(Gilt-Edged Bond)

金边债券是由英国政府发行的保证还本付息的信誉较高的债券。10年期金边债券的收益率与10年期美国国库券或其他国家所发行债券的利差会对英镑对美元或其他国家货币的汇率产生影响。

6. 3个月欧洲英镑存款(3-month Euro-sterling Deposits)

欧洲英镑是指存放在非英国银行的英镑存款。3个月欧洲英镑存款的利率与3个月其他国家欧洲存款利率的差异会影响到英镑和其他国家货币的汇率水平。

7. 3个月欧洲英镑期货合约(3-month Euro-sterling Futures Contract)

3个月欧洲英镑期货合约也被称作短期英镑(short sterling)，该期货合约的价格反映了市场对3个月以后的欧洲英镑存款利率的整体预期。因此，3个月欧洲英镑期货合约与同期其他国家期货合约价格的差异会引起英镑汇率的变化。

8. 金融时报100指数(FTSE-100)

金融时报100指数是英国最主要的股票价格指数。与美国和日本不同，英国的金融时报100指数对货币的影响较小。尽管如此，由于FTSE-100与美国的道·琼斯指数有较强的联动性，因而也需要关注。

9. 经济数据(Economic Data)

需要关注的英国经济数据主要有：GDP，CPI，失业率，国际贸易，零售销售，扣除抵押贷款后的零售物价指数，平均收入，货币供应量(M4)，采购经理人指数，房价指数，工业生产，制造业和服务业调查等。

10. 英国与欧盟的关系

由于英国是欧盟的一个重要成员国，英镑属于欧系货币，所以英镑与欧元之间经常长期存在着同步的走势。英国是否加入欧元区会影响到英国的利率水平和英镑汇率的走势。目前，英镑的利率水平高于欧元，若英国加入欧元区，则英国的利率水平必须下降，那么英镑也会相对欧元贬值。因此,市场上任何有关"英国会加入欧元区"的言论都会打压英镑汇价。

七、影响瑞士法郎走势的基本因素分析

(一)瑞士法郎的基本特征

货币名称:瑞士法郎(Swiss franc,SFr)

发行机构:瑞士国家银行(Swiss National Bank,SNB)

货币代码:CHF

货币单位:1法郎=100生丁(centime)

纸币面额:10法郎、20法郎、50法郎、100法郎、200法郎、1 000法郎

硬币面额:5生丁、10生丁、20生丁、1/2法郎、1法郎、2法郎、5法郎

瑞士法郎是瑞士和列支敦士登的法定货币。在20世纪,瑞士法郎一直是币值最稳定的货币,曾在较长的一段时间内被人们视为"避风港"货币,其币值背后有40%的黄金储备作为依托。

(二)影响瑞士法郎的基本因素

1. 瑞士国家银行(Swiss National Bank,SNB)

在制定货币政策和汇率政策方面,SNB具有极大的独立性。SNB的主要目标是确保价格稳定,维持就业平稳,为经济增长提供一个良好的环境。如果SNB对国家经济通胀的前景表示担忧,那么也就意味着其会提高利率水平,这对瑞士法郎来说无疑是利好消息。SNB官员也会针对货币供应量或瑞士法郎发表一些言论,进而影响瑞士法郎汇率的走势。

瑞士国家银行网址:http://www.snb.ch/en

2. 利率(Interest Rates)

瑞士国家银行经常通过调节贴现率来宣布货币政策的调整,因此,贴现率的变化会对瑞士法郎汇率的走势有很大影响。

3. 3个月欧洲瑞士法郎存款(3-month Euro-swiss-franc Deposits)

欧洲瑞士法郎存款是指存放在瑞士银行以外的其他国家银行的瑞士法郎存款。3个月欧洲瑞士法郎存款与3个月其他国家欧洲存款之间的利差是影响瑞士法郎汇率波动的因素之一。

4. 3 个月欧洲瑞士法郎期货合约(3 - Month Euro-swiss Futures Contract)

欧洲瑞士法郎期货合约的价格反映了市场对 3 个月以后的欧洲瑞士法郎存款利率的整体预期。3 个月欧洲瑞士法郎期货合约与其他国家同期期货合约价格的利差也会引起瑞士法郎汇率的变化。

5. 经济数据(Economic Data)

需要关注的瑞士经济数据主要有:GDP,CPI,失业率,国际贸易收支平衡,工业生产,采购经理人指数和 M3(最广义的货币供应量)。

6. 其他因素(Other Factors)

由于瑞士与欧洲之间的经济联系密切,所以瑞士法郎与欧元的汇率走势呈现出极大的正相关性,即欧元汇率上升,瑞士法郎汇率也会上升。在所有的货币中,瑞士法郎与欧元之间的联系最为紧密。因此,与欧元汇率波动相关的基本因素也会影响到瑞士法郎汇率的走势。

【实训项目小结】

在学习了影响外汇汇率变化的经济因素、心理因素、中央银行影响等知识的基础上,本章设计了较为丰富的实训内容,以便帮助学生切实理解并掌握外汇市场的基本知识。本章实训项目主要包括以下内容:主要经济指标的含义,主要国家经济数据的状况以及主要货币的基本面介绍。

通过本章实训内容的学习,学生能够对外汇市场交易有比较全面的认识和理解,初步掌握进行外汇交易基本面分析的相关基础知识;掌握观察和分析外汇市场交易问题的正确方法,培养辨析和解决实际问题的能力,对主要国家的经济数据以及主要货币的基本面情况有较为深刻的理解;树立正确的外汇交易实训意识,提高在外汇交易操作方面的动手能力和知识素养。

【实训项目任务】

(1)熟练掌握各经济指标的含义及应用。

(2)理解影响外汇汇率变化的基本因素。

(3)掌握国际上主要货币的基本面状况及影响币值的基本因素。

(4)掌握利用基本面因素预测货币走势的方法。

【实训项目报告】

实训项目报告六：外汇交易基本因素分析

目的要求	
报告内容	一、实验内容 二、实验基本步骤 三、实验数据记录和处理
实验结果与分析	

实训项目七
Chapter 7

外汇交易技术因素分析

【实训目标与要求】

外汇市场发展具有一定的规律性,运用外汇交易技术因素分析方法有助于对现实和未来外汇交易趋势作出预测。通过本项目学习,使学生通过汇率波动形成的图形以及各种技术性指标进行分析和判断货币走势。要求学生学习K线的含义,理解K线的作用,认识K线的形态,利用K线预测汇率的趋势;明确移动平均线的含义和应用,学习MACD指标的含义和应用,掌握KDJ指标的含义和应用。

【实训项目知识准备】

一、K线图的概念

K线分析是证券投资技术分析的最基本也是最常用的工具,K线又称阴阳线、棒线、红黑线或蜡烛线,它起源于日本德川幕府时代(1603~1867)的米市交易,用来计算米价每天的涨跌,后来人们把它引入股票市场价格走势的分析中,目前已成为股票技术分析中的一种重要方法。所谓K线图,就是将各种股票每日、每周、每月的开盘价、收盘价、最高价、最低价等涨跌变化状况,用图形的方式表现出来,根据计算单位不同,一般分为分钟K线、日K线、周K线与月K线。

K线图经过国外许多专家的统计、分析、整理后,发现其中蕴含着一定的规律性,即某种图形可能代表着某种市场行情,在出现了某种图形组合后,有可能会出现某种新的走势。因此,K线图目前已成为许多投资者十分重视的一种股票技术分析工具。

然而,K线图往往受到多种因素影响,用其预测股价涨跌并非能做到百分之百的准确。另外，对于同一种图形，许多人也会有不同的理解，作出不同的解释。因此，在运用K线图时，一定要与其他多种因素以及其他技术指标结合起来，进行综合分析和判断。

首先我们找到该日或某一周期的最高和最低价，将其垂直地连成一条直线；然后再找出当日或某一周期的开盘和收盘价，把这两个价位连接成一条狭长的长方柱体。如图7.1所示。

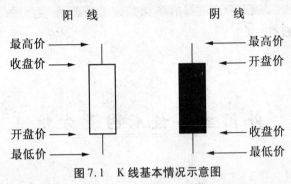

图7.1 K线基本情况示意图

从K线图中，人们可以比较明显地看出买卖双方力量的消长，市场主力的动向以及股市中涨、跌、盘等三种基本行情的变化。K线的形成取决于每个计算单位中的四个数据：开盘价、最高价、最低价、收盘价。假如当日或某一周期的收市价较开市价为高（即低开高收），我们便以红色来表示，或是在柱体上留白，这种柱体就称之为"阳线"；如果当日或某一周期的收市价较开市价为低（即高开低收），我们则以蓝色（或绿色）表示，又或是在柱上涂黑色，这种柱体就称之为"阴线"；当开盘价等于收盘价时，K线成为十字星。当K线为阳线时，最高价与收盘价之间的细线部分称为上影线，最低价与开盘价之间的细线部分称为下影线，开盘价与收盘价之间的柱状称为实体，如图7.1所示。小时图、半小时图用于分析预测未来1到2个星期市场波动；日线图用于分析预测未来1个月左右市场波动，周线图用于分析判断市场长期波动方向。

二、K线基本形态

（一）上影、下影、实体

K线最上方的一条细线称为上影线，中间的一条粗线为实体，下面的一条细线为下影线，如图7.2所示。当收盘价高于开盘价，也就是股价走势呈上升趋势时，我们称这种情况下的K线为阳线，中部的实体以空白或红色表示。

这时，上影线的长度表示最高价和收盘价之间的价差，实体的长短代表收盘价与开盘价之间的价差，下影线的长度则代表开盘价和最低价之间的差距。

当收盘价低于开盘价，也就是股价走势呈下降趋势时，我们称这种情况下的K线为阴线，中部的实体为黑色。此时,上影线的长度表示最高价和开盘价之间的价差,实体的长短代表开盘价比收盘价高出的幅度,下影线的长度则由收盘价和最低价之间的价差大小所决定。

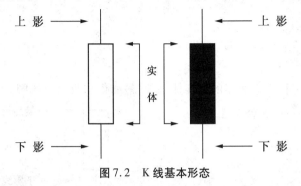

图 7.2　K 线基本形态

一般而言,阳线表示买盘较强,卖盘较弱。这时,由于股票供不应求,会导致股价的上扬。阴线表示卖盘较强,买盘较弱。此时,由于股票的持有者急于抛出股票,致使股价下挫。同时,上影线越长,表示上档的卖压越强,即意味着股价上升时,会遇到较大的抛压;下影线越长,表示下档的承接力道越强,意味着股价下跌时,会有较多的投资者利用这一机会购进股票。

(二)长红线或大阳线

如图 7.3 所示为最高价与收盘价相同,最低价与开盘价一样。此时上下没有影线。

1. 市场形态

从一开盘,买方就积极进攻,中间也可能出现买方与卖方的斗争,但买方发挥最大力量,一直到收盘。买方始终占优势,使价格一路上扬,直至收盘。

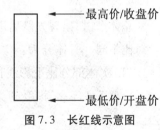

图 7.3　长红线示意图

2. 分析要点

表示强烈的涨势,股市呈现高潮,买方疯狂涌进,不限价买进。握有股票者,因看到买气的旺盛,不愿抛售,出现供不应求的状况。

(三)长黑线或大阴线

此种图表示最高价与开盘价相同,最低价与收盘价一样。上下没有影线。

1. 市场形态

从一开始,卖方就占优势。股市处于低潮。握有股票者不限价疯狂抛出,造成恐慌心理。

市场呈一面倒,直到收盘,价格始终下跌。

2. 分析要点

表示强烈的跌势。

(四) 先跌后涨型

如图7.5所示为一种带下影线的红实体,此时最高价与收盘价相同。

图7.4　长黑线示意图　　　　图7.5　先跌后涨型示意图

1. 市场形态

开盘后,卖气较足,价格下跌。但在某低价位上得到买方的支撑,卖方受挫,价格向上推过开盘价,一路上扬,直至收盘,收在最高价上。

2. 分析要点

总体来讲,出现先跌后涨型,买方力量较大,但实体部分与下影线长短不同,买方与卖方力量对比不同。具体分为:

(1) 实体部分比下影线长。

价位下跌不多,即受到买方支撑,价格上推。破了开盘价之后,还大幅度推进,买方实力很强。

(2) 实体部分与下影线相等。

买卖双方交战激烈,但大体上,买方占主导地位,对买方有利。

(3) 实体部分比下影线短。

买卖双方在低价位上发生激战。遇买方支撑逐步将价位上推。但从图中可发现,上面实体部分较小,说明买方所占据的优势不太大,如卖方次日全力反攻,则买方的实体很容易被攻占。

(五) 下跌抵抗型

图7.6为一种带下影线的黑实体,开盘价是最高价。

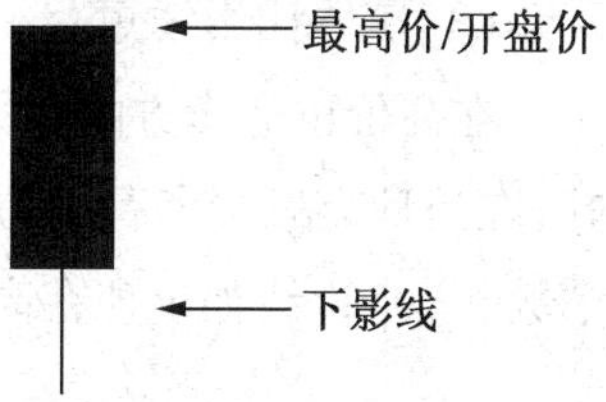

1. 市场形态

一开盘,卖方力量就特别大,价位一直下跌,但在某低价位上遇到买方的支撑。后市可能会反弹。

2. 分析要点

实体部分与下影线的长短不同也可分为三种情况:

(1)实体部分比影线长。

此图表示汇市开盘,大幅度下压,在低点遇到买方抵抗,买方与卖方发生激战,影线部分较短,说明买方把价位上推不多,从总体上看,卖方占了比较大的优势。

(2)实体部分与影线同长。

表示卖方把价位下压后,买方的抵抗也在增加,但可以看出,卖方仍占优势。

(3)实体部分比影线短。

卖方把价位一路压低,在低价位上,遇到买方顽强抵抗并组织反击,逐渐把价位上推,最后虽以黑棒收盘,但可以看出卖方只占极少的优势。后市很可能买方会全力反攻,把小黑实体全部吃掉。

图 7.6 下跌抵抗型示意图

(六)上升阻力

图 7.7 为一种带上影线的红实体,此时开盘价即最低价。

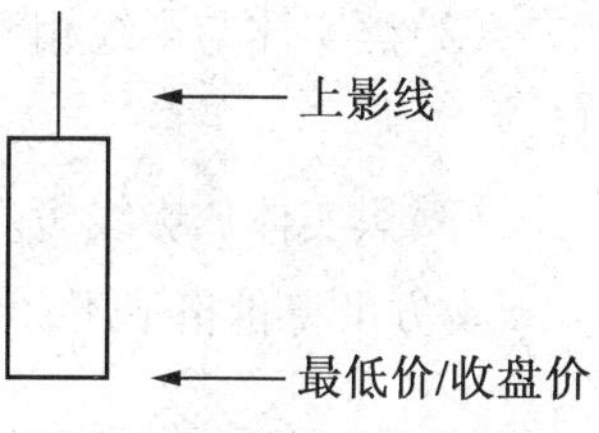

1. 市场形态

一开盘买方强盛,价位一路上推,但在高价位遇卖方压力,使股价上升受阻。卖方与买方交战结果为买方略胜一筹。

2. 分析要点

具体情况仍应观察实体与影线的长短。

图 7.7 上升阻力示意图

(1)红实体比影线长。

表示买方在高价位时遇到阻力,部分多头获利回吐。但买方仍是市场的主导力量,后市继续看涨。

(2)实体与影线同长。

买方把价位上推,但卖方压力也在增加。二者交战结果为卖方把价位压回一半,买方虽占优势,但显然不如其优势大。

(3)实体比影线短。

在高价位遇卖方的压力,卖方全面反击,买方受到严重考验。大多短线投资者纷纷获利回吐,在当日交战结束后,卖方已收回大部分失地。买方一块小小的堡垒(实体部分)将很快被消灭,这种K线如出现在高价区,则后市看跌。

(七)先涨后跌型

图7.8 为一种带上影线的黑实体,此时收盘价即是最低价。

1. **市场形态**

一开盘,买方与卖方进行交战。买方占上风,价格一路上升。但在高价位遇卖压阻力,卖方组织力量反攻,买方节节败退,最后在最低价收盘,卖方占优势,并充分发挥力量,使买方陷入"套牢"的困境。

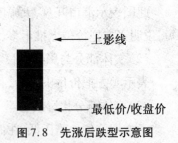

图7.8 先涨后跌型示意图

2. **分析要点**

具体情况仍有以下三种:

(1)黑实体比影线长。

表示买方把价位上推不多,立即遇到卖方强有力的反击,把价位压破开盘价后乘胜追击,再把价位下推很大的一段。卖方力量特别强大,局势对卖方有利。

(2)黑实体与影线相等,买方把价位上推;但卖方力量更强,占据主动地位。卖方具有优势。

(3)黑实体比影线短。

卖方虽将价格下压,但优势较少,明日入市,买方力量可能再次反攻,黑实体很可能被攻占。

(八)反转试探型

图7.9 是一种上下都带影线的红实体。

1. **市场形态**

开盘后价位下跌,遇买方支撑,双方争斗之后,买方增强,价格一路上推,临收盘前,部分买者获利回吐,在最高价之下收盘。

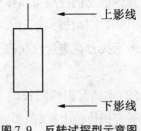

图7.9 反转试探型示意图

2. 分析要点

这是一种反转信号。如在大涨之后出现,表示高位震荡,如成交量大增,后市可能会下跌。如在大跌后出现,后市可能会反弹。这里上下影线及实体的不同又可分为多种情况:

(1)上影线长于下影线之红实体。其又分为,影线部分长于红实体表示买方力量受挫折和红实体长于影线部分表示买方虽受挫折,但后者仍占优势。

(2)下影线长于上影线之红实体。其亦可分为红实体长于影线部分表示买方虽受挫折,仍居于主动地位。影线部分长于红实体表示买方尚需接受考验。

(九)弹升试探型

图7.10为一种上下都带影线的黑实体。

1. 市场形态

在交易过程中,股价在开盘后,有时会力争上游,随着卖方力量的增加,买方不愿追逐高价,卖方渐居主动,股价逆转,在开盘价下交易,股价下跌。在低价位遇买方支撑,买气转强,不至于以最低价收盘。有时股价在上半场以低于开盘价成交,下半场买意增强,股价回至高于开盘价成交,临收盘前卖方又占优势,而以低于开盘价的价格收盘。

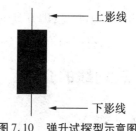

图7.10 弹升试探型示意图

2. 分析要点

这也是一种反转试探。如在大跌之后出现,表示低档承接,行情可能反弹。如大涨之后出现,后市可能下跌。

(十)十字线型

图7.11为一种只有上下影线,没有实体的图形。

1. 市场形态

开盘价即是收盘价,表示在交易中,股价出现高于或低于开盘价成交,但收盘价与开盘价相等。买方与卖方几乎势均力敌。

2. 分析要点

(1)上下影线看似等长的十字线,可称为转机线,在高价位或低价位,意味着出现反转,如图7.11(a)所示。

(2)下影线越长,表示买方越旺盛,如图7.11(b)所示。

(3)上影线越长,表示卖压越重,如图7.11(c)所示。

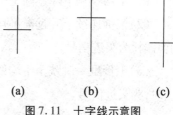

图7.11 十字线示意图

(十一)"⊥"图形

开盘价与收盘价相同。当日交易都在开盘价以上的价位成交,并以当日最低价(即开盘价)收盘,表示买方虽强,但卖方更强,买方无力再挺升,总体看卖方稍占优势,如在高价区,行情可能会下跌。

"T"图形又称多胜线,开盘价与收盘价相同,当日交易以开盘价以下的价位成交,又以当日最高价(即开盘价)收盘。卖方虽强,但买方实力更大,局势对买方有利,如在低价区,行情将会回升。

(十二)"一"图形

此图形不常见,即开盘价、收盘价、最高价、最低价在同一价位。只出现于交易非常冷清,全日交易只有一档价位成交。冷门股此类情形较易发生。

三、均线的介绍

(一)定义

移动平均线(Moving Average,MA),简称为均线,是指运用统计学的原理,将过去若干日(周、月、小时等其他时间单位)的汇率与当日(周、月、小时等其他时间单位)的汇率相加,除以日子(周、月、小时其他时间单位)总数,把每日(周、月、小时其他时间单位)得出的平均数绘于图上,便成为移动平均线。通过计算一个固定时间内市场价格的平均值,以及时间的推移形成不同的价格平均值,将这些平均值连接形成一条相对平稳的曲线,由于这条连接平均值的曲线将沿着时间的推移而不断延伸,就称之为移动平均线。

(二)观察方法(葛蓝碧八大买卖法则)

葛蓝碧八大买卖法则如图7.12所示。

(1)平均线从下降逐渐走平,当汇价从平均线的下方突破平均线时视为买进信号。

(2)汇价连续上升远离平均线之上,汇价突然下跌,但未跌破上升的平均线,汇价又再度上升时,为买进信号。

(3)汇价虽一时跌至平均线之下,但平均线仍在上扬且汇价不久马上又恢复到平均线之上时,为买进信号。

(4)汇价跌破平均线之下,突然连续暴跌,远离平均线时,很可能再次向平均线弹升,是买进信号。

（5）汇价急速上升远超过上升的平均线时，将出现短线的回跌，再趋向于平均线时，是卖出信号。

（6）平均线走势从上升逐渐走平转而下跌，而汇价从平均线的上方往下跌破平均线时，是卖出信号。

（7）汇价跌落于平均线之下，然后向平均线弹升，但未突破平均线即又告回落，是卖出信号。

（8）汇价虽上升突破平均线，但立即又恢复到平均线之下，此时平均线又继续下跌，则是卖出信号。

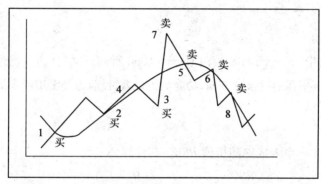

图7.12　葛蓝碧八大买卖法则

四、MACD指标的介绍

（一）用途

MACD（平滑异同移动平均线）是根据移动平均线较易掌握趋势变动方向的优点发展出来的，它是利用两条不同速度（一条变动的速率快——短期的移动平均线，另一条较慢——长期的移动平均线）的指数平滑移动平均线来计算二者之间的差离状况（DIF）作为研判行情的基础，然后再求取其DIF的9日平滑移动平均线，即MACD线。MACD实际就是运用快速与慢速移动平均线聚合与分离的征兆，判断买进与卖出的时机和讯号。

该指标既可以去除掉移动平均线经常出现的假讯号，又保留了移动平均线的优点。但由于该指标对价格变动的灵敏度不高，属于中长线指标，所以在盘整行情中不适用。

（二）计算公式

MACD由正负差（DIF）和异同平均数（DEA）两部分组成。

DIF是快速平滑移动平均线与慢速平滑移动平均线的差,DIF的正负差的名称由此而来。快速和慢速的区别是进行指数平滑时采用的参数大小不同,快速是短期的,慢速是长期的。经常使用的参数为:26、12、9。

(三) 使用方法

DIF与DEA均为正值时,大势向好;DIF与DEA均为负值时,大势向淡。

DIF向上突破DEA时,可买进;DIF向下突破DEA时,应卖出。

五、KDJ指标的介绍

(一) 用途

KDJ全名为随机指标(Stochastics),由George Lane所创,其综合动量观念,强弱指标及移动平均线的优点,早年应用在期货投资方面,功能颇为显著,目前为外汇市场中最常用的指标之一。

(二) 计算公式

产生KD以前,先产生未成熟随机值RSV。其计算公式为

$$n \text{日} RSV = [(C_t - L_n)/(H_n - L_n)] \times 100$$

对RSV进行指数平滑,就得到如下K值:

$$\text{今日}K\text{值} = \frac{2}{3} \times \text{昨日}K\text{值} + \frac{1}{3} \times \text{今日}RSV$$

式中,$\frac{1}{3}$为平滑因子,是可以人为选择的,不过目前已经约定俗成,固定为1/3了。

对K值进行指数平滑,就得到如下D值:

$$\text{今日}D\text{值} = \frac{2}{3} \times \text{昨日}D\text{值} + \frac{1}{3} \times \text{今日}K\text{值}$$

式中,$\frac{1}{3}$为平滑因子,可以改成别的数字,同样已成约定,$\frac{1}{3}$也已经固定。

在介绍KD时,往往还附带一个J指标,计算公式为

$$J = 3D - 2K = D + 2(D - K)$$

可见J是D加上一个修正值得到的。J的实质是反映D和D与K的差值。此外,有的书中J指标的计算公式为

$$J = 3K - 2D$$

【实训项目内容】

一、K线中长期基本形态

单个K线可反映出单日的汇价强弱变化,但它不能准确反映汇价在一段时间内的变化趋势,对于一段时间的汇价变化,我们需要利用K线连接后所形成的中长期形态再加以判断。K线的中长期基本形态有:头肩形(头肩顶和头肩底)、双重顶(M头)、双重底(W底)、圆弧顶和圆弧底、V形底和V形倒转顶、上升/下降三角形等。

(一)头肩形

K线在经过一段时日聚集后,在某一价位区域内,会出现三个顶点或底点,但其中第二个顶点或底点较其他两个顶点,或底点呈现更高或更低的形态,这种形态称为头肩形,如图7.13所示。其中一顶二肩的为头肩顶;一底二肩的为头肩底型。然而,有时也可能出现三个以上的顶点或底点,若出现一个或两个头部(或底部),两个左肩与右肩,称为复合型头肩顶(或复合型头肩底)。

(二)双重顶(M头形态)

M头形态正好是W底形态的倒置,其汇价走势犹如英文字母"M",属于一种头部盘整形态,从另一种角度来看,也可以算作是头部区域的箱形整理态势,如图7.14所示。

汇价在头部反转的过程中,除了"单日反转"这种情况外,通常都会经过一个盘头的过程,盘头的形态有好几种,有圆弧顶、M头、头尖顶等,M头的形成是由于市场经过一段长时间的多头趋势后,汇价涨幅已大,一些投资者获利颇丰,产生一种居高思危的警觉,因此,当汇价在某一阶段,遭突发利空时,大量的获利回吐盘会造成汇价暂时的加速大跌。汇价在经过短期的下跌后,获得支撑又回头向上和缓攀升,在温和态势中,汇价越过前次的高点,并在随后立即下跌,形成M头形态。

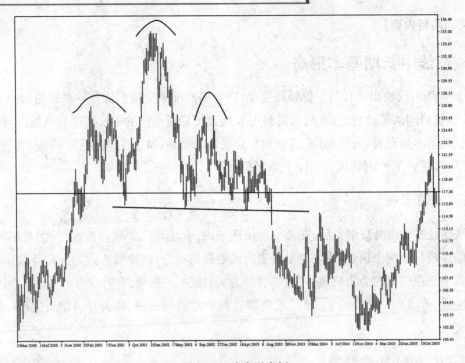

图 7.13 头肩形案例

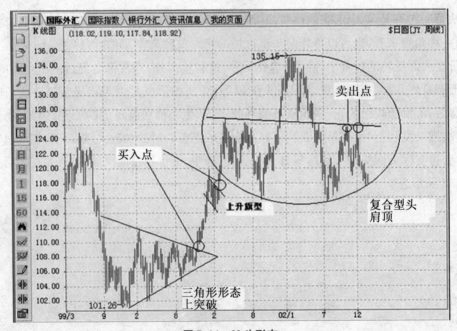

图 7.14 M 头形态

由于 M 头的杀伤力颇大,故投资者在判断其形态真伪时需了解以下几点:

①M 头形态内的两个高点间隔的时间必须有较长的周期,由于大家警觉,现在会有提前量,周期会相对缩短。在形态上,右边的高点外观不像左边的高点那么尖,而是略呈圆弧形,这是因为在形态内的左边高点发生快速反转时,大型投资机构手中的持股无法出局,因此大型投资机构在二次回升时,制造涨势未尽的氛围,趁汇价突破左边高点时诱多,然后开始清仓,但大型投资机构的大量筹码无法短时间出完,所以右边的高点通常会停留一段时间,以便大型投资机构逐步出逃。

②在 M 头形态内第一次回跌的低点可绘制一条水平支撑颈线,汇价在二次回跌至此支撑线并突破时,是一种义无反顾的直接下跌趋势。而后汇价会有回抽,回抽完成后,将引发波段性下跌。

(三)双重底(W 底形态)

W 底是形态学中一个重要的形态,其走势外观如英文字母"W",如图 7.15 所示。W 底形态属于一种中期底部形态,一般发生于汇价波段跌势的末期,不会出现在行情趋势的中途,一段中期空头市场,必须会以一段中期底部与其相对应,也就是说,一个 W 底所酝酿的时间,有其最少的周期规则,所以 W 底的形态周期是判断该形态真伪的必要条件。

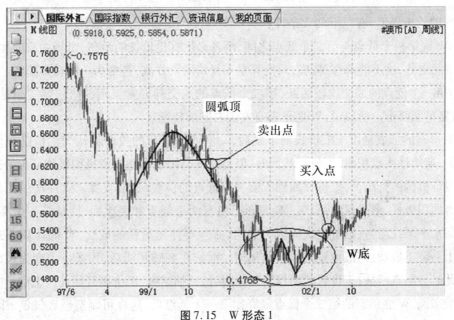

图 7.15　W 形态 1

图7.16 W形态2

W底的构成要素,有以下两大条件:

(1)W底第一个低点与第二个低点之间,两者必须有比较长的距离,市场中有时候会出现短期的双底走势,这不能算作W底,只能算是小行情的反弹底,且常为一种诱多陷阱。

(2)第一个低点的成交比较活跃,第二个低点的成交却异常沉闷,并且,第二个低点的外观,通常略呈圆弧形。所以说,W底形态有左尖右圆的特征。

W底形态的形成是由于汇价长期下跌后,一些看好后市的投资者认为汇价已很低,具有投资价值,期待性买盘积极,汇价自然回升,但是这样会影响大型投资机构吸纳低价筹码,所以在大型投资机构的打压下,汇价又回到了第一个低点的位置,形成支撑。这一次的回落,打伤了投资者的积极性,形态呈圆弧状。W底形态内有两个低点和两次回升,从第一个高点可绘制出一条水平颈线压力,汇价再次向上突破时,必须要伴随活跃的成交,W底才算正式成立。如果向上突破不成功,则汇价要继续横向整理。汇价在突破颈线后,颈线压力变为颈线支撑,汇价在此时会出现回抽,汇价暂时回档至颈线附近,回抽结束,汇价则开始波段上涨。

一般来说,W底形态的第二个低点最好比第一个低点低,这样可制造破底气氛,让散户出局,从而形成一个筹码相对集中的底部,以利于大型投资机构的拉抬。

(四)圆弧底形态

圆弧底形态属于一种盘整形态,多出现在汇价底部区域,是极弱势行情的典型特征。其形态表现在K线图中宛如锅底状,如图7.17所示。

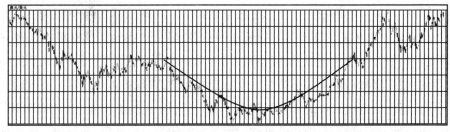

图7.17　圆弧底形态

圆弧底形态的形成是由于汇价经过长期下跌之后,卖方的抛压逐渐消失,空方的能量基本上已释放完毕,许多的高位深度套牢盘,因汇价跌幅太大,只好改变操作策略,继续长期持汇不动。但由于短时间内买方也难以汇集买气,汇价无法上涨,加之此时汇价元气大伤,汇价只有停留在底部长期休整,以恢复元气,行情呈极弱势。持汇人不愿割肉,多头也不愿意介入,汇价陷入胶着,汇价振幅极小,此时,汇价便会形成圆弧底形态,该形态也被称之为汇价"休眠期"。

在圆弧底形态中,由于多空双方皆不愿意积极参与,汇价显得异常沉闷,这段时间也显得漫长,大约需要4~5个月的时间,甚至更长。在此形态内成交量极小,单日成交有时几分钟才成交一笔。由于汇价低,某些有心炒作的大型投资机构会在此形态内吸货。长时间的窄幅波动,使一些投资者因资金问题而出现一些抛盘,而大型投资机构却不动声色地乘机吸纳廉价筹码,因大型投资机构炒作需大量低成本筹码,故大型投资机构在此吸货时采取耐心等待的策略,即守株待兔,从不抬高汇价积极吸纳,也使得其吸货周期较长。

圆弧底形态通常是大型投资机构吸货区域,由于其炒作周期长,故在完成圆弧底形态后,其涨升的幅度也是惊人的。投资者如在圆弧底形态内买进,则要注意大型投资机构启动汇价前在平台上的震仓。汇价在完成圆弧底形态后,在向上挺升初期,会吸引大量散户买盘,给大型投资机构后期拉抬增加负担,故大型投资机构会让汇价再度盘整,从而形成平台整理,清扫出局一批浮动筹码与短线客,然后再大幅拉抬汇价。在汇价上涨途中,大型投资机构不断地利用旗形与楔形调整上升角度,延续涨升幅度。所以,圆弧底形态从某种角度上也可谓黎明前的黑暗。在形态内,汇价貌似平静如水,实际上是在酝酿着一波汹涌的滔天大浪。

(五)圆弧顶形态

圆弧顶形态同圆弧底形态一样属于汇价横向波动,但其外观走势与圆弧底正好相反,其图形所预示的后期走势也截然不同。圆弧底形态是在汇价底部区域酝酿上升行情,是大型投资机构吸货区域;而圆弧顶形态则是在头部区域蕴藏着一波跌势,是大型投资机构出货的特征。

圆弧顶的形成是由于汇价在经过一段长期的拉升之后,达到大型投资机构预定或理想的目标位,加之市场缺乏利多的刺激,买气不足,汇价无法继续上行,大型投资机构不能快速出逃大量获利筹码,必然会将汇价暂时维持在一个稳定的状态,再伺机逐步出货。而此时如果大型投资机构强行出货,会造成汇价的大幅下跌,大型投资机构更难以出局。故在此情况下,大型投资机构一面护盘一面出货,汇价在经过这一段长时间的横向波动后,便形成了圆弧顶形态。

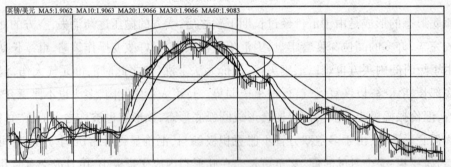

图7.18 圆弧顶形态

(六)三角形形态

在技术分析领域中,形态学派经常会用到几何中"三角形"的概念,如图7.19所示。从K线图中看,典型的三角形形态一般会出现正三角形、上升三角形、下降三角形三种。形态学派技术分析人士经常会利用三角形的形态来判断和预测后市。三角形的形成一般是汇价发展至某一阶段后,出现汇价反复或者停滞的现象,此时汇价振幅会越来越小,K线的高点与高点相连,低点与低点相连并延伸至交点,此时会发现汇价运行在一个三角形之中,这种形态又以正三角形为典型代表。此形态出现后,投资者不要急于动手,必须等待市场完成其固定的周期形态,并且正式朝一定方向突破后,才能正确判断其未来走势。

1. 正三角形形态

正三角形又被称为"敏感三角形",不易判断其未来走势,如图7.20所示,从K线图中确认正三角形主要应注意以下条件:

(1)三角形价格变动区域从左至右由大变小,由宽变窄,且一个高点比一个高点低,一个低点比一个低点低。

(2)当正三角形发展至形态的尾端时,其价格波动幅度显得异常萎缩及平静,但这种平静不久便会被打破,汇价将会发生变化。

(3)当正三角形上下两条斜边,各由两个或多个转折点相连而成,这上下点包含着"涨→跌→涨→跌",每一次涨势的顶点出现后,立刻引发下一波跌势,而每一次跌势的低点出现后,又立刻引发下一波涨势,汇价的波动范围会越来越小。

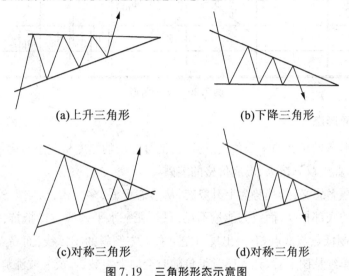

(a)上升三角形　　　　(b)下降三角形

(c)对称三角形　　　　(d)对称三角形

图7.19　三角形形态示意图

由于正三角形的形成是由多空双方逐渐占领对方空间,且力量均衡,所以从某种角度说,此形态为盘整形态,无明显的汇价未来走向。在此期间,由于汇价波动越来越小,技术指标在此区域也不易给出正确指示。故投资者应随市场而行,离场观望。

汇价在正三角形中运行,如果汇价发展到正三角形尾端才突破斜边,则其突破后的涨跌力道会大打折扣,同时相对减弱。这是由于多空双方长时间对峙,双方消耗大造成的,故在三角形尾端短兵相接时,双方力量均不足以做大波浮动。一般来说,汇价在三角形斜边的2/3处突破时,涨跌力度会最大。

三角形在向上突破斜边后,汇价往往会出现短暂性的"回抽",其回抽的终点大致会在三角形尾部的尖端上,这里是多空双方力量的凝聚点。多方占优,后市将有一段不俗的涨幅。

在经过大跌后出现正三角形形态,一般只是空方稍作休息,不久又会开始新一轮的跌势,此三角形也可称"逃命三角形",投资者在此应密切注意。

综上所述,投资者在对待正三角形形态时,少动多看,待汇价正式有效突破后,再伺机而动。

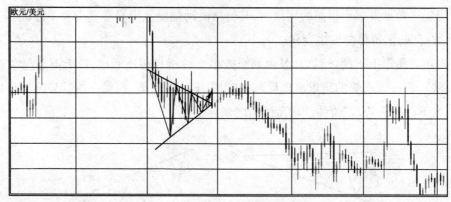

图 7.20　正三角形

2. 上升三角形形态

所有三角形形态最显著的一个共同点就是:汇价波动的幅度从左至右逐步减小,多空双方的防线逐步靠近,直至双方接火,形成价格的突破。

上升三角形顾名思义,其趋势为上升势态,从形态上看,多方占优,空方较弱,多方的强大买盘逐步将汇价的底部抬高,而空方能量不足,只是在一水平颈线位做抵抗,如图7.21所示。从K线图中可绘制低点与低点相连,出现由左至右上方倾斜的支撑线,而高点与高点相连,基本呈水平位置。单纯从图形看,让人感觉汇价随时会向上突破,形成一波涨势。但技术分析不能带有单一性,一般形态派人士将汇价形态作为一个重点,但他也不会忽视形态内成交量的变化。在上升三角形形态内的成交量也是从左至右呈递减状态,但当它向上突破水平颈线的那一刻,必须有大成交量的配合,成交量太小的话,汇价将会出现盘整的格局,从图形上走出失败形态。如果在上升三角形形态内的成交量呈不规则分布,则维持盘整的概率要大。

汇价形态一旦出现上升三角形走势时,后市通常是乐观的,但这种形态被广大投资者掌握,一般来说,在上升三角形形态内,"假突破"的现象不是太多。

由于上升三角形属于强势整理,汇价的底部在逐步抬高,多头买盘踊跃,而大型投资机构也趁此推波助澜,一举击溃空方。如果大型投资机构在颈线位出货的话,汇价回跌的幅度也不会太大,最多会跌至形态内低点的位置,而将上升三角形形态破坏演变为矩形整理。

所以说,要使上升三角形突破成功,突破位为最佳买点,同时后市会有一波不俗的涨幅。如果上升三角形突破失败的话,顶多会承接形态内的强势整理而出现矩形整理,形成头部形态的概率也不会太大。

图 7.21　上升三角形

3. 下降三角形形态

下降三角形同上升三角形一样属于正三角形的变形,只是多空双方的能量与防线位置不同,如图 7.22 所示。下降三角形属于弱势盘整,卖方显得较积极,抛出意愿强烈,不断将汇价压低,从图形上造成压力颈线从左向右下方倾斜,买方只是将买单挂在一定的价格,造成在水平支撑线处抵抗,从而在 K 线图中形成下降三角形形态。

下降三角形形态内的成交量同上升三角形一样呈现出由左至右递减状态,但不同的是,汇价在向下突破水平支撑线时,却不需要大成交量的配合。在突破时,只要是买盘减少,空方便会用小成交量突破多方防线。

在下降三角形形态内,许多投资者在未跌破水平支撑位时,会认为其水平支撑为有效强支撑,而当作底部形态得到认可,其实这种形态不可贸然确认底部。特别是大多数人都将它确认为底部区域时,应更加小心。这是由于大家都认为是底部而在此区域吃货,导致大型投资机构没有办法大量收集到低成本筹码,此时大型投资机构也会在市场上收集一部分筹码,作为向下打压的工具,在一定的时候大型投资机构的突然杀出抛单,令多方无从招架,而一举击破支撑线。此时,散户的心理防线也被击破,失望性抛盘一涌而出,加速了汇价的下跌,而大型投资机构会在低位乘机吸纳低价筹码。

在其他三角形形态中,如果汇价发展到三角形的尾端仍无法有效突破颈线时,其多空力道均已消耗完,形态会失去原有意义。但下降三角形是个例外。当汇价发展至下降三角形尾端时,汇价仍会下跌。

在下降三角形形态被突破后,其汇价也会有"回抽"的过程,回抽的高度一般也就在水平颈线附近。这是由于汇价向下突破,原水平支撑转变为水平压力,在此位置,获利盘与逃命盘的涌出,导致汇价将会继续大幅下跌。

所以在下降三角形形态出现时,投资者不可贸然将支撑线当作底部区域,更不可贸然吃货,要等待真正底部出现时再进场。

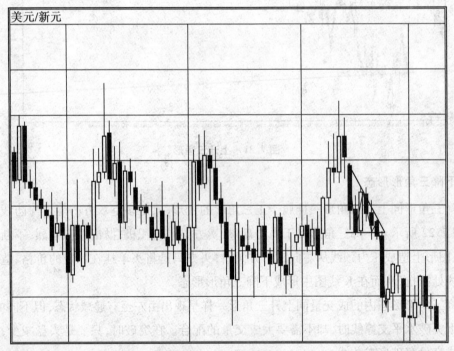

图 7.22　下降三角形

二、均线指标的应用

移动平均线是目前使用最为广泛且最为有效的技术指标。如图 7.23 所示,价格从下向上穿过移动平均线,发出买入信号,表示上升趋势即将展开;价格自上往下穿越移动平均线,发出卖出信号,表示下跌趋势即将开始。当市场处于横向延伸,即缺乏明确趋势或者有望出现趋势反转的时候,选用周期较短的移动平均线,利用其对价格的敏感性做顺势操作;而当市场出现明显趋势且不断发展的时候,选用周期较长的平均线,力求把握市场的主要趋势。

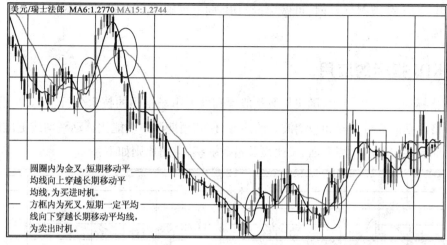

图 7.23　移动平均线 MA

三、MACD 指标的应用

如图 7.24 所示,在应用上,MACD 是以 12 日为快速移动平均线(12 日 EMA),而以 26 日为慢速移动平均线(26 日 EMA),首先计算出此两条移动平均线数值,再计算出两者数值间的差离值,即差离值(DIF) = 12 日 EMA − 26 日 EMA。然后根据此差离值,计算 9 日 EMA 值(即为 MACD 值);将 DIF 与 MACD 值分别绘出线条,然后依"交错分析法"分析,当 DIF 线向上突破 MACD 平滑线为涨势确认点,也就是买入讯号。反之,当 DIF 线向下跌破 MACD 平滑线时为跌势确认点,也就是卖出讯号。MACD 指标的应用法则如下:

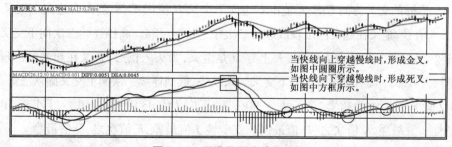

图 7.24　平滑异同移动平均线

(1) DIF 和 MACD 在 0 以上,大势属多头市场。
(2) DIF 向上突破 MACD 时,可做买;若 DIF 向下跌破 MACD 时,只可做原单的平仓,不可新卖单进场。

(3) DIF 和 MACD 在 0 以下,大势属空头市场。

(4) DIF 向下跌破 MACD 时,可做卖;若 DIF 向上突破 MACD 时,只可做原单的平仓,不可新买单进场。

四、KDJ 指标的应用

KDF 指标如图 7.25 所示,随机指数是股票和外汇市场常用的技术分析工具,在设计中充分考虑价格波动的随机振幅和短期波动的测算,使其短期测市功能比移动平均线更准确有效,在市场短期超买超卖的预测方面,又比强弱指数敏感,应用原则如下:

图 7.25　KDJ 指标

(1)从 KD 的取值方面考虑,80 以上为超买区,20 以下为超卖区,KD 超过 80 应考虑卖出,低于 20 就应考虑买入。KD 值于 50% 左右徘徊或交叉时无意义,50 是随机指标的重要多空分界线。投机性太强的个股不适用。

(2) KD 指标的交叉方面考虑,K 值由右边向下交叉 D 值做卖,K 值由右边向上交叉 D 值是金叉,为买入信号,金叉在超卖区出现或进行二次穿越较为可靠。高档连续二次向下交叉确认跌势,低档连续二次向上交叉确认涨势。K 上穿 D 是金叉,为买入信号,金叉在超卖区出现或进行二次穿越较为可靠。高档连续二次向下交叉确认跌势,低档连续二次向上交叉确认涨势。

(3) D 值小于 15% 为超卖,D 值大于 90% 为超买;J 大于 100% 为超买,J 小于 10% 为超卖。敏感性 J 值最强,K 值次之,D 值最慢。安全性 J 值最差,K 值次之,D 值最稳。

(4) KD 指标的背离。可观察 KD 值与股价之背离情况,以确认高低点。

①当 KD 处在高位,并形成依次向下的峰,而此时汇价形成依次向上的峰,称为顶背离,是卖出的信号。

②当 KD 处在低位,并形成依次向上的谷,而此时汇价形成依次向下的谷,称为底背离,是买入信号。

(5) J 指标取值超过 100 和低于 0,都属于价格的非正常区域,大于 100 为超买,小于 0 为超卖,并且,J 值的讯号不会经常出现,一旦出现,则可靠度相当高。

【实训项目小结】

技术分析是借助心理学、统计学等学科的研究方法和手段,通过对以往汇率的研究,预测出汇率的未来走势。本章主要依据世华财讯金融模拟交易系统,打开汇率走势图,分析外汇交易常用的技术指标和技术分析方法,技术分析的构成要素很多,但是主流理论是围绕着 K 线分析来研究的,主要包括 K 线组合、形态分析、技术指标、波浪理论等,K 线作为技术分析的重要手段,是所有投资者必须掌握的。

【实训项目任务】

(1)请将 K 线图中各种形态的阴线和阳线分别按由弱到强的顺序排列,并说明理由。

(2)查看 GBP/USD、EUR/CAD 的分时走势图,并切换到 K 线图状态。

(3)图 7.26 中哪些 K 线图中价格更可能上升?为什么?

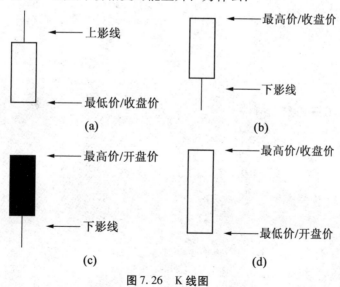

图 7.26　K 线图

(4)如果只看单根 K 线图来判断价格趋势可行吗?为什么?

(5)进入世华财讯进行国际外汇的技术指标分析,了解相应货币的技术指标及图形,重点看看该货币的 K 线图、移动平均线、MACD、KDJ、RSI 指标等。

【实训项目报告】

实训项目报告七：外汇交易技术因素分析

目的要求	
报告内容	一、实验内容 二、实验基本步骤 三、实验数据记录和处理
实验结果与分析	

参考文献

[1] 马少平. 实战外汇投资[M]. 北京:中国发展出版社,2010.

[2] 陈文虎,庆明. 外汇投资入门与技巧[M]. 北京:中国经济出版社,2008.

[3] 陈秀梅. 国际金融实用教程[M]. 天津:南开大学出版社,2008.

[4] 李汉军. 外汇交易实战全典[M]. 北京:机械工业出版社,2010.

[5] 鲁细根. 外汇交易实验教程[M]. 北京:中国金融出版社,2006.

[6] 魏强斌. 外汇交易圣经[M]. 北京:经济管理出版社,2010.

[7] 人本投资集团外汇投研团队. 外汇交易的24堂必修课[M]. 北京:化学工业出版社,2009.

[8] 杨向荣. 外汇交易实务[M]. 北京:电子工业出版社,2009.

[9] 过文俊. 赢在汇市:外汇投资精要[M]. 北京:机械工业出版社,2009.

[10] 樊祎斌. 外汇交易实务[M]. 北京:中国金融出版社,2009.

[11] 安宸瑾. 中国银行外汇业务风险管理创新研究[D]. 兰州:兰州大学,2013.

[12] 金虎斌. 金融投资实训教程[M]. 北京:清华大学出版社,2013.

[13] 郭也群. 外汇交易实务[M]. 北京:中国金融出版社,2008.

[14] 刘元春,胡曙光. 国际金融市场与投融资[M]. 北京:中国人民大学出版社,2012.

[15] 兰容英,倪信琦. 外汇交易实务[M]. 厦门:厦门大学出版社,2010.

[16] 魏强斌. 外汇短线交易的24堂精品课:面向高级交易者[M]. 北京:经济管理出版社,2009.

[17] 道格拉斯. 外汇交易:从入门到精通[M]. 北京:机械工业出版社,2014.

[18] 赵娜. 个人外汇保证金交易面临的问题[J]. 中国外汇, 2007(9):73.

[19] 斯克斯伯格. 外汇市场技术分析[M]. 广州:广东经济出版社,2013.

[20] 杨向荣. 外汇交易实务[M]. 北京:电子工业出版社,2009.

[21] 陈国嘉. 新手学外汇投资交易[M]. 北京:清华大学出版社,2012.

[22] 魏强斌. 外汇交易进阶:从新手到大师的成功之路[M]. 3版. 北京:经济管理出版社,2011.

[23] 季格森,汉森. 外汇交易从入门到精通[M]. 北京:人民邮电出版社,2013.

[24] 王彤,刘彬. MT4外汇自动交易圣经[M]. 北京:中国经济出版社,2013.

[25] 小何,秦牧.顺势而为——外汇交易中的道氏理论[M].北京:经济管理出版社,2012.

[26] 李志.投资组合理论在外汇交易市场中的应用[D].呼和浩特:内蒙古工业大学,2009.

[27] 中国工商银行 http://www.icbc.com.cn

[28] 环亚汇市黄金网 http://www.waihui168.com

[29] 中国人民银行 www.pbc.gov.cn

[30] fx168 财经网 http://www.fx168.com/